LE VIDE À MOITIÉ VERT

Le Postillon

LE VIDE À MOITIÉ VERT

LA GAUCHE ROUGE-VERTE AU POUVOIR : LE CAS DE GRENOBLE

Éditions
Le monde à l'envers

Grenoble — 2021

Table des matières

LE POSTILLON

Le Postillon est un journal grenoblois publié depuis 2009 tous les deux mois à 4 000 exemplaires. Son *business plan* : occuper le créneau porteur et néanmoins complètement délaissé de la presse locale critique. Devant l'ampleur de la tâche, il se concentre sur des sujets locaux et parle presque exclusivement de Grenoble et de sa cuvette. Aucune association, organisation ou parti politique ne sont parvenus jusqu'ici à convaincre les animateurs de ce journal de devenir leur journal de propagande. Malgré les nombreuses sollicitations, toute entrée dans le capital a été refusée : *Le Postillon* est donc un journal complètement indépendant, réalisé en bande désorganisée.

La rédaction – à la première personne – de ce livre a été assurée par l'un des rédacteurs, répondant à l'état civil de Vincent Peyret, et n'éprouvant aucune jouissance particulière à voir son patronyme inscrit au bas d'articles ou sur la couverture d'un livre. Trentenaire, fils de classe moyenne, jeune papa, ayatollah du vélo, client de Satoriz, pour la paix dans le monde et de tendance alcoolique, Vincent Peyret possède de nombreux points communs avec le cœur de l'électorat rouge et vert. Mais parmi ses multiples autres défauts, il dispose également d'un esprit critique.
Il a fait le choix de prendre toute la lumière, occultant ainsi toutes les petites mains de l'ombre, qu'elles soient scribouillardes, dessinatrices, comptables, graphistes, photographes, correctrices tatillonnes, administratives, distributrices à vélo, ou ambianceuses de soirées bouclage.

Contact
Le Postillon, 42 avenue Jean Jaurès, 38600 Fontaine
Surtout, n'allez pas sur notre site internet : www.lepostillon.org

Remerciements
Sans tous les relecteurs et toutes les relectrices, de Grenoble, de Marseille ou des Vosges profondes, ce livre serait resté à moitié vide. Heureusement que vous étiez plein !

si vous colliez vos affiches sur les réseaux sociaux ce serait moins polluant
LISEZ LE POSTILLON

« Il importe de ne point se leurrer, et force est de reconnaître tout net : ce n'est point là ce qu'on voulait. Un pas de plus et nous dirons même : c'est exactement ceci qu'on ne voulait pas. »

André Gide, *Retour de l'U.R.S.S.*, 1936

INTRODUCTION BRISEUR D'ESPOIR

« Tout ça, c'est à cause de vous ! » Ce dimanche 30 mars 2014, j'erre à vélo dans les rues grenobloises, comme à peu près lors de toutes les soirées électorales. Sauf que ce soir-là, c'est un peu la fête. Éric Piolle vient d'être élu maire de Grenoble, premier maire écologiste d'une ville de plus de 100 000 habitants, et devient le symbole de « l'espoir » de la gauche rouge-verte[1]. Passé 20 heures, quelques centaines de personnes

1. La liste « Grenoble, une ville pour tous » menée par Éric Piolle réunissait Europe Écologie-Les Verts (EELV), l'Association démocratie écologie solidarité (ADES), trois composantes du Front de gauche (le Parti de gauche, la Gauche anticapitaliste et Les Alternatifs), ainsi que des citoyens engagés au sein du collectif Réseau citoyen38.

convergent vers l'esplanade du musée pour célébrer la victoire ou juste profiter de l'occasion pour boire des coups.

Parmi elles, il y a Pierre Lazare, un collaborateur occasionnel du *Postillon* qui m'alpague donc en me voyant passer. S'il balance « c'est à cause de vous », c'est plus une blague qu'un reproche. Pierre Lazare observe de près la vie politique grenobloise depuis son compte Facebook et ses soirées alcoolisées et la commente souvent avec un cynisme talentueux. Accuser *Le Postillon* d'avoir fait élire Éric Piolle est tout à fait son genre d'humour.

Alors je rigole tout en étant un peu troublé par son « compliment ». Les semaines suivantes, plusieurs lecteurs me feront le même genre de « blagues ». Si le candidat du Parti socialiste (PS) a perdu, ce serait aussi grâce à nos multiples articles à charge contre lui. Si les Grenoblois ont désavoué le techno-socialisme régissant la vie municipale depuis 19 ans[2], ce serait un peu grâce aux papiers qui le démontaient parus dans *Le Postillon*.

J'avoue, ces affirmations me flattent un peu, même si je n'y crois pas trop. Après 19 ans de règne, le techno-socialisme municipal était un peu usé. Le successeur de Michel Destot, Jérôme Safar, a fait une piètre campagne avec son slogan ridicule « aimer Grenoble pour vous ». Les écologistes font depuis trente ans des scores importants dans la capitale des Alpes. Leur alliance avec le Parti de gauche a permis d'élargir leur socle. L'arrivée incessante de cadres, ingénieurs et techniciens en quête de montagnes et de magasins bios correspond bien à leur électorat. Bref, plein de facteurs expliquent la victoire de Piolle de façon bien plus probante

2. Socialiste et ancien ingénieur du Commissariat à l'énergie atomique (CEA), Michel Destot a dirigé durant trois mandats, de 1995 à 2014, la ville de Grenoble. Ses mandatures se sont caractérisées par un fort soutien politique et financier au développement de laboratoires et d'industries de haute technologie dans le bassin grenoblois.

que quelques papiers scribouillés dans un petit canard associatif tiré à 3000 exemplaires (à l'époque).

Et puis, plus par réalisme que par modestie, je ne crois pas vraiment que les journaux, en tout cas notre journal tel qu'on le fait, puissent changer le cours des choses. En lançant ce canard en 2009, j'avais des illusions. Je croyais naïvement qu'en diffusant des idées, en démontant des projets, en allumant des personnalités, on pouvait pousser des habitants à s'intéresser à ce qui se passe à côté de chez eux, à s'impliquer, protester, revendiquer, s'insurger, et au final changer le visage de la cuvette[3]. Après onze années de journalisme local, je n'y crois plus. Non pas que je pense que le journalisme local soit inutile, en tout cas pas plus que le national. Que peut produire concrètement un article, un reportage, une enquête ? Au mieux faire tomber une tête. *Le Canard enchaîné* a dégagé Fillon, mais Macron fait à peu près la même politique. *Médiapart* a mis hors-jeu Cahuzac, mais il y a toujours autant d'argent sale dans les paradis fiscaux. Quelques notables disparaissent des radars médiatiques, la marche du monde continue toujours dans la tendance, jamais dans la bonne direction.

Pour espérer changer une situation, il faut faire du journalisme total, comme l'a un peu théorisé le député-reporter François Ruffin, du journal *Fakir*. Rédiger une enquête, la diffuser, organiser un rassemblement ou une action, trouver d'autres relais médiatiques, suivre le dossier, user du lobbying, des recours juridiques, organiser des réunions publiques, des manifs, etc. Un boulot de titan qui n'a jamais effleuré *Le Postillon*. Nos articles peuvent éclairer quelques lanternes, donner une bouffée d'air frais, suggérer des combats, faire quelquefois changer d'avis, voire de parcours de vie. De là à influer sur des résultats d'élections, il y a un gouffre.

3. L'agglomération grenobloise est entourée de trois massifs montagneux, Belledonne, Chartreuse et Vercors. On parle souvent de « cuvette grenobloise ».

Pour ne rien vous cacher, juste avant les élections de 2014, je m'étais quand même retenu de sortir une « révélation » sur Éric Piolle. On avait diffusé un numéro dix jours avant le premier tour et à cette époque j'avais déjà découvert que le candidat écolo avait cofondé une start-up œuvrant à l'optimisation fiscale nommée Raise Partner. Une information sortie nulle part ailleurs et potentiellement délicate pour un candidat écolo incarnant « l'autre gauche », censée être opposée aux magouilles boursières et aux entreprises faisant du business dessus.

Un bon scoop journalistique et pourtant je m'étais retenu de le publier avant les élections. Pour préserver le candidat ? Non, non, enfin... pas complètement... euh... peut-être que si quand même un peu. C'est plus complexe : même si je n'ai jamais été un partisan d'Éric Piolle, j'espérais quand même sa victoire.

Non pas que le candidat, ancien cadre dans la multinationale Hewlett-Packard (HP), suscitât beaucoup d'espoir ou que les Verts fassent rêver par leur fraîcheur : ils avaient été au pouvoir grenoblois avec les socialistes pendant treize ans. S'ils ne dirigeaient plus la ville avec eux depuis le dernier mandat, ils ne différaient pas foncièrement de leurs alliés au niveau national (les Verts participaient alors au gouvernement du Premier ministre socialiste Ayrault). Mais d'un point de vue journalistique, leur arrivée au pouvoir avait quelque chose d'un peu excitant : la perspective de nouvelles têtes, de renouvellement de la critique, de sujets inédits, de contradictions à dénoncer.

Bref, je n'ai donc pas sorti l'information sur Raise Partner dans le numéro avant les élections. Quand on a publié notre numéro, les sondages le donnaient d'ailleurs bon deuxième, 10 points derrière le candidat socialiste. Mais la science électorale est aussi complexe que les sondages sont foireux et une victoire de Piolle restait possible, potentiellement à pas grand-chose, peut-être quelques dizaines de voix. Je n'avais pas envie que quelques dizaines de nos lecteurs s'abstiennent au lieu de voter Piolle comme ils l'avaient prévu, et qu'au final cela permette au candidat socialiste de repasser. Alors j'ai fait ce choix de ne pas publier, d'autant plus paradoxal que, comme expliqué plus haut, je ne crois guère en notre pouvoir d'influence.

Finalement, le 23 mars, je me suis abstenu comme presque toujours et Piolle est arrivé en tête du premier tour en récoltant près de 2000 voix de plus que Jérôme Safar. Au second tour, il a porté son avance à 6000 voix, en récoltant 19677 voix. L'abstention étant comme d'habitude énorme (44,62 %), l'équipe de Piolle obtint 42 sièges du conseil municipal sur 59 avec seulement 18,82 % des voix des inscrits sur les listes électorales.

Cette victoire fit grand bruit au niveau national, et donna quelques idées. Les militants verts & rouges entrevoyaient dans cette conquête électorale la possibilité d'une union et d'une victoire à la présidentielle de 2017. Nombre d'habitants lassés par les dix-neuf ans de pouvoir du PS croyaient sincèrement aux *120 engagements pour Grenoble* de la liste de Piolle, promettant entre autres « d'associer les habitants pour co-construire les projets dès leur élaboration», de «viser le 100 % bio et local dans la restauration collective municipale», d'instaurer «la gratuité des transports pour les 18-25 ans», de «diminuer les indemnités d'élus», de «réduire la pollution atmosphérique», de «résorber l'habitat insalubre», de «maintenir et soutenir le réseau des quatorze bibliothèques», ou de «faire de la culture par tous et partout». À en croire ses protagonistes, la nouvelle mairie tournait la page du «vieux monde», représentant un véritable «espoir». Même des «anarchistes» se réjouirent sur le site internet Indymedia Grenoble de la victoire de Piolle et assumèrent d'avoir voté pour lui, occasionnant les railleries de nombre de leurs camarades.

Et moi ? Après la cuite du 30 mars sur l'esplanade du musée avec les supporters de Piolle, j'ai recommencé mon activité de journaliste local. Dans le numéro qu'on a sorti deux mois après l'élection, j'ai donc pondu un long portrait critique de Piolle, où je révélais notamment cette histoire de Raise Partner et d'autres joyeusetés : son engagement précoce en politique ou la réalité de son métier de « EMEA Service Supply Chain Operations Director », soit « Directeur du pôle "logistique-service" pour la zone EMEA » (Europe, Afrique et Moyen-Orient, soit 120 pays) à Hewlett-Packard, derrière le mythe martelé pendant la campagne du « cadre qui refuse les licenciements ».

Quelques informations d'intérêt public qui ont plu à nos lecteurs (les 3500 numéros ont été écoulés en moins de trois semaines dans les kiosques) mais moins aux partisans de Piolle. Pour certains, vu qu'on avait critiqué le précédent maire, on devait forcément être du côté des écolos. Les francs sourires et les remerciements du soir du second tour ont laissé la place à des regards durs et à des commentaires réprobateurs : « vous faites le jeu des méchants ! », « puisque c'est comme ça je n'achèterai plus votre canard » et surtout « mais vous allez briser notre espoir ! »

L'élection de Piolle a donc permis de faire décoller ma carrière de briseur d'espoir. Ça paye pas beaucoup mais ça permet de raconter deux ou trois trucs intéressants.

draing
draing
vendez tout
les Rouges arrivent
nardo

CHAPITRE UN

UN CANDIDAT FABRIQUÉ "COMME DANS UNE BONNE SÉRIE"

J'avoue avoir un petit faible pour les grincheux.
Dany, Eva et José en font partie.
Mais attention, ce ne sont pas des grincheux de complaisance, critiquant seulement les «vrais» méchants et râlant en enfonçant des portes ouvertes. Ils font partie de ceux qui peuvent tirer contre leur propre camp et casser l'ambiance le soir d'une victoire. Il faut en avoir du caractère pour ne pas tomber dans l'euphorie générale et préférer le recul critique.
Des grincheux de compétition.

Tous trois avaient participé activement à la campagne de Piolle, à différents niveaux, mais cumulant des centaines d'heures de bénévolat, de soirées interminables de réunion, de boucles de mails à n'en plus finir, de collages, de porte-à-porte. Juste après la victoire, ils n'étaient «pas très optimistes» pour la réussite du mandat, même s'ils auraient bien aimé se tromper. Dans un article du *Postillon* n° 26, ils s'alarmaient: «il n'y aura pas de printemps grenoblois car on est pas parvenus à aller chercher les petites gens. Au final on a une élection de bobos, surtout centrée sur les "technos", alors qu'à la base on devait aller chercher les abstentionnistes.»

Ils avaient accepté ma proposition de témoigner dans *Le Postillon*, mais sous pseudo. Je les avais appelés Dany, Eva et José, en référence à ces figures nationales des Verts et parce que justement, ce qui les inquiétait le plus, c'était le poids pris par les apparatchiks d'EELV dans la campagne. En 2014, la liste «Grenoble, une ville pour tous», réunissait officiellement le Parti de gauche (PG), l'historique association ADES (Association démocratie écologie solidarité) et le tout nouveau «Réseau citoyen» en plus d'EELV. Mais pour eux, dans la réalité, seuls les cadors d'EELV étaient à la manœuvre: «ce qui ressort c'est que l'appareil des Verts n'a rien à envier aux socialos. Pour eux, faire de la politique, c'est balancer un plan de communication.»

Au passage, ils m'apprenaient que le plan de communication de la campagne avait été inspiré par un certain Erwan Lecœur, venu plusieurs fois faire des formations aux seuls élus municipaux d'abord, puis en janvier 2014 à l'ensemble de la liste lors d'un week-end de cohésion de groupe sur le plateau du Vercors. «Il a beaucoup insisté sur la nécessité de "raconter une histoire" ou "faire un récit" autour de la campagne. C'est son grand concept, mais c'est juste de la com'.» Pour faire le premier portrait de Piolle, j'ai donc eu envie de rencontrer ce monsieur. Devenu juste après l'élection le directeur de la communication de la Ville de Grenoble, Erwan Lecœur m'a accueilli chaleureusement fin avril 2014 dans un des bureaux du cabinet du maire.

S'il venait d'arriver en terre grenobloise, il fréquentait Piolle depuis un moment : Lecœur a donné des formations aux élus écologistes de la Région Rhône-Alpes, dont le nouveau maire de Grenoble faisait partie. C'est à partir de ce moment-là, en 2012, que la candidature de Piolle aux municipales de 2014 a commencé à prendre forme. C'est en tout cas la version que m'a donnée le « coach » :

> « - Pour être précis, j'ai pensé en tant que sociologue, et en tant qu'analyste de l'écologie en politique, que Grenoble et Éric Piolle ça collait bien.
> - Au niveau de la sociologie ?
> - Oui.
> - Parce que c'est une ville de cadres ?
> - Pas seulement de cadres, c'est une ville de hors-venus, de gens venus d'ailleurs. Pas attachés à un terroir mais à un projet. »

Lecœur est lui aussi un « hors-venu », habitant Paris en 2014, et un cadre : s'affichant comme « sociologue, politologue et consultant », spécialiste du Front national sur lequel il a écrit plusieurs livres, il ne cache pas sa proximité avec les écologistes. Il m'assure même avoir accompagné l'accession au pouvoir d'un maire vert à la mairie de l'Île-Saint-Denis (93) en 2001 et avoir été l'un des artisans de la création d'Europe Écologie-Les Verts en 2009. Séduit par le profil de Piolle, il a décidé de lui filer un coup de main en « passant du temps avec lui et d'autres personnes » pour travailler sa communication et « faire un récit » autour du candidat.

Pour lui, si ça a fonctionné à Grenoble en 2014, comme pour EELV en 2009, c'est parce qu'ils sont parvenus à « rassembler des gens, c'est-à-dire faire un bon casting qui répond à une attente sociale. Une bonne campagne, c'est comme une bonne série télé : c'est quelque chose qui répond aux attentes sociales».

Dans cette dernière phrase, il y a à peu près l'essentiel de la politique menée par Piolle depuis 2014 à la tête de la mairie de Grenoble. Peu importent les faits, la réalité, ce qui importe, c'est la communication et le «récit». Dans la pièce de Molière, *Le Tartuffe ou l'imposteur* (1669), le personnage principal est un beau parleur, qui raconte des histoires pour cacher son imposture. Piolle et les élus verts & rouges ne parlent pas en vers, mais leur verbiage pompeux suffit à tromper un auditoire. Comme on le verra, cette analogie permet de comprendre une partie de la politique de ces «contestataires» au pouvoir.

Le candidat Piolle a donc été fabriqué à partir de plusieurs mythes afin d'enjoliver le «récit». Présenté comme «novice en politique», engagé seulement depuis 2009 à l'occasion de l'ouverture à la société civile d'Europe Écologie-Les Verts, Piolle a déjà eu son nom marqué sur un bulletin de vote il y a bien longtemps : il a été candidat aux législatives dans la dixième circonscription de l'Isère en 1997, et suppléant pour les législatives de 2002 dans la troisième circonscription. Certes, les scores très modestes obtenus par lui ou sa titulaire (1,35 % et 0,65 %) ne permettent pas vraiment de dire qu'il est «entré en politique» à ce moment-là. Mais cet engagement précoce montre que ça fait un moment que notre homme songe à la conquête du pouvoir le matin devant la glace : vous en connaissez beaucoup, vous, des jeunes de 24 ans qui se présentent aux législatives ?

Cet engagement juvénile s'était réalisé sous les couleurs du mouvement de Pierre Larrouturou, appelé «Union pour la semaine des 4 jours» en 1997, puis «Réseau Nouvelle Donne» en 2002. C'est que Piolle fait partie depuis longtemps du fan club de Larrouturou : en 1993, à vingt ans, il l'a invité pour une conférence à l'INPG, son école d'ingénieurs. La légende veut que cette rencontre soit due à la curiosité intellectuelle de Piolle, mais là aussi, il s'agit d'un mythe, que je démonterai plus tard.

Là-dessus, Lecœur ne m'a rien dit, il s'est par contre beaucoup plus étendu sur « l'acte fondateur » du candidat Piolle : « Quand les gens sont là depuis quinze ou trente ans avec toujours les mêmes réflexes, il y a plein de choses qu'ils ne voient plus. Donc un mec comme moi qui arrive de l'extérieur et qui les écoute parler, je suis capable de leur dire : là ce que vous venez de dire c'est vachement important. Par exemple pour Éric Piolle : il y a eu une grève chez HP parce qu'il a refusé de délocaliser et qu'il s'est fait virer. Il y a eu une grève des syndicats pour soutenir un cadre supérieur et lui me racontait ça comme si c'était normal. Je lui ai dit mais attends, excuse-moi, c'est un acte fondateur dans une vie ».

Là où l'on voit que la méthode de Lecœur a fonctionné, c'est que cet « acte fondateur » a été martelé dans tous les médias, donnant de Piolle l'image d'un homme courageux et intègre. C'est grâce à cela que Piolle, qui selon Erwan Lecœur « a créé une PME pour faire de l'argent, pour faire vivre sa famille et pour bien vivre, parce que son modèle de vie c'était réussir dans la vie », a pu séduire les dirigeants locaux du Parti de gauche.

Évidemment, il est remarquable qu'un cadre haut-placé décide de désobéir, renonçant au passage à la grande carrière qui lui était promise au sein de cette entreprise, alors qu'à 34 ans, il était « un peu la star montante », selon lui (*Médiapart*, 5/05/2014). Mais se contenter de relater cet « acte fondateur » ne permet pas de saisir toute la personnalité de celui qui désire « réinventer la gauche ».

D'abord, pourquoi a-t-il fait ça ? Pour faire un *coming out* anticapitaliste et montrer que les cadres aussi doivent déserter le système ?

Pas tout à fait. Sur BFMTV (18/04/2014), il explique : « Vous savez, souvent dans les entreprises il y a des décisions qui sont prises qui sont un peu dogmatiques, qui ne sont pas basées ni sur les besoins de l'entreprise à moyen et à long terme, ni sur la réalité économique, et il y a une casse sociale qui en découle, qui n'est pas profitable non plus pour l'entreprise, qui n'est profitable pour personne. Donc je me suis opposé à ce plan de délocalisation. » Si ces licenciements avaient été « profitables pour l'entreprise », Piolle ne s'y serait-il donc pas opposé ? Loin de vouloir faire du « social », il justifie son « acte fondateur » par son souci de la réalité économique et de la bonne santé financière de sa multinationale. Pour démontrer la qualité de son geste subversif, il répète que la direction a finalement été du même avis que lui : « Le PDG a fini par reprendre mes arguments et a arrêté le plan de délocalisation ».

Ce qui est d'ailleurs à moitié vrai, donc à moitié faux : dans un premier temps, le plan a effectivement été abandonné, donnant raison à l'insoumis cadre supérieur. Mais, selon Myriam Martin, la déléguée CGT d'HP, « les emplois menacés d'HP ont finalement été délocalisés quelques mois plus tard, avec des plans différents. Les années passent, et le nombre d'employés à HP Grenoble baisse inexorablement. » Le fait d'armes de Piolle n'aura finalement eu aucun autre effet que de lui fournir – en plus des dizaines de milliers d'euros gagnés aux prud'hommes après son licenciement – la ligne supplémentaire sur son CV, idéale pour une candidature aux municipales.

Bien entendu, les individus ont le droit de changer, de « déserter » le système pour le critiquer avec les connaissances accumulées pendant des années de responsabilité très lucratives.

Sur HP et sur ce monde des multinationales, Piolle doit en savoir des choses. Et pourtant il n'a jamais rien dit. Rien sur l'obsolescence programmée, sur laquelle se base HP pour assurer sa croissance. Aucune remarque non plus sur le fait que les gadgets d'HP sont produits en Chine, avec ses ouvriers sous-payés et son droit du travail presque inexistant. Celui qui était « EMEA Service Supply Chain Operations Director », soit « Directeur du pôle "logistique-service" pour la zone EMEA » (Europe, Afrique et Moyen-Orient, soit 120 pays) n'a jamais rien dit sur la pollution engendrée par le transport de la camelote électronique d'HP sur des milliers de kilomètres, ni sur les aberrations écologiques qu'implique l'organisation d'une multinationale. Faut dire que le râtelier de Piolle avait plutôt bon goût : sur le site de la HATVP (Haute Autorité pour la transparence de la vie publique) on découvre que « l'espoir de l'autre gauche » touchait à Hewlett-Packard un salaire de 144 000 euros en 2009, 184 000 euros en 2010, ou encore 111 000 euros en 2011. 184 000 euros par an, ça fait quinze mille euros net par mois, auxquels il faut rajouter les « avantages (voiture, actions) ». Alors que le salaire médian est de 1 772 euros net par mois, ça me paraît complètement délirant de toucher 15 000 euros par mois. Le pire c'est qu'ils sont plein à Grenoble et ailleurs à toucher une telle somme pour faire des trucs plus nuisibles qu'intéressants.

Piolle n'a jamais émis la moindre réflexion publique sur l'utilité sociale de tous les gadgets (ordinateurs, tablettes, imprimantes, logiciels etc.) vendus par HP, envahissant le quotidien de chacun d'entre nous, uniformisant nos vies et nous réduisant à l'état de larves derrière des écrans. C'est que tous ces questionnements ne sont pas vraiment « profitables pour l'entreprise » et doivent donc être évités par tout « Supply Chain Operations Director » respectable. Si un haut-cadre comme Éric Piolle, qui passait « beaucoup de temps connecté à l'Internet ou au téléphone, communiquant avec l'autre bout du monde » (site d'EELV Rhône-Alpes), et qui courait « la planète en avion, [gérait] des contrats de centaines de milliers de dollars » (*L'Obs*, 6/04/2014), se mettait à s'interroger sur le sens de l'activité de son entreprise, où irait-on ? À la décision de fermer toutes ces multinationales polluantes et prédatrices pour recentrer l'économie autour d'activités utiles, locales et artisanales ? Une position certainement beaucoup trop « dogmatique » et pas du tout « basée sur la réalité économique ».

Erwan Lecœur non plus n'est pas du tout dans ce genre de questionnements car il pense que « toute nouvelle technologie, toute innovation est écologique avant tout. Je sais qu'à Grenoble il y a ce courant – que j'ai bien connu – qui est ultra-décroissant, qui pense que "la technologie c'est le diable". Je connais ce courant, je l'ai étudié, ce n'est pas le courant écologiste majoritaire. En tout cas ce n'est pas l'écologie dans le monde. Mais c'est grenoblois ». Si Piolle s'est bien gardé pendant la campagne de critiquer, même gentiment, la fuite en avant technologique, c'est parce que, selon Lecœur, il a « fait une campagne pour gagner. Et pas pour gagner l'imaginaire sociétal de dix personnes dans la ville. »

J'avoue, je fais partie de ces « dix personnes ». Pour être précis, je ne pense pas que « la technologie c'est le diable » mais que nos sociétés bientôt entièrement numérisées sont d'une tristesse et d'une injustice effarantes, en plus de nous mener dans le mur écologique. Quelques lectures et observations m'ont permis de rapidement comprendre que « toute nouvelle technologie, toute innovation » est tout sauf « écologique », qu'elle participe avant tout à l'artificialisation du monde et à la création d'une société de zombies. Et j'avoue que ça me fascine, tous ces gens qui pensent sincèrement qu'on va réduire la pollution et « sauver la planète » en mettant des puces électroniques et des dispositifs hypersophistiqués partout.

C'est marrant comment des chemins de vie peuvent se croiser et s'éloigner. Parce que je ne lui ai pas dit, à Erwan Lecœur, mais en fait je le connaissais déjà. Enfin, je l'avais vu un week-end durant une « cantine » de Chiche ! au printemps 2001 à Paris.

Chiche !, c'était un groupe de « jeunes écolos, alternatifs et solidaires » qui a vivoté à la fin des années 1990 et au début des années 2000. Ses dissensions internes, entre certains qui se considéraient libertaires et d'autres proches des jeunes Verts, ont entraîné sa disparition précoce.

Moi, j'avais 16 ans et j'étais bien loin de pouvoir me positionner dans ces controverses. Si j'étais entré dans le groupe local d'Annecy, c'est surtout parce que j'avais été charmé par une militante. Pendant deux ans j'avais mollement milité en distribuant des tracts contre MacDo, pour la libération de Mumia Abu-Jamal ou en organisant une « fête du métissage ». Une fois donc, j'étais monté à la capitale pour cette « cantine », une sorte d'assemblée générale où une quarantaine de personnes s'étaient retrouvées, entre vaisselle autogérée et grandes envolées sur un-autre-monde-plus-juste-et-solidaire. J'étais tout jeune et timide, incapable de parler en public, Erwan Lecœur était un des « responsables » du mouvement, aimant déjà bien se mettre en avant en maniant les concepts avec dextérité. Alors j'avais passé le week-end à me faire bercer par ses « récits ».

ET LA PLANÈTE ?!! T'Y-AS PENSÉ, À LA PLANÈTE, AVEC TON VIEUX DIESEL POURRI ?!!!

CHAPITRE DEUX

ICI C'EST GRENOBLE ! OU L'ÉCOLOGIE DÉVOYÉE

C'était je ne sais plus quand, en 2017 ou 2018, mais peu importe parce que cette question, on me l'a déjà posée des dizaines de fois, comme à tant d'autres Grenoblois en vadrouille un peu partout en France. Je faisais de l'autostop entre Grenoble et Marseille, et une femme, la cinquantaine, venait de s'arrêter au péage de Valence-Sud. « Ah t'es de Grenoble... Vous avez un maire écolo, alors, ça a l'air super, non ? » Bien entendu, la question peut changer de tournure et se transformer en « c'est l'enfer d'habiter dans une ville dirigée par les écolos ? » en ayant affaire à un lecteur de *Valeurs Actuelles* plutôt que du *Monde diplomatique*. Mais en autostop, on rencontre plus souvent les seconds.

Elle me dérange toujours un peu cette question, parce que c'est compliqué d'y répondre en une phrase. Juste répondre « non c'est pas super » ne permet pas de vraiment instruire l'interlocuteur. J'étais aussi un peu gêné parce que ma conductrice, mère de famille célibataire habitant Orange, ville dirigée par l'extrême droite depuis 25 ans, voyait vraiment en Grenoble une lueur d'espoir. Je me rappelle plus comment elle s'appelait, mettons Maryline, ce dont je me souviens c'est qu'elle roulait dans une vieille Kangoo diesel datant d'une vingtaine d'années selon elle.

Elle ne connaissait rien de la situation grenobloise, n'y était jamais allée, mais avait lu des articles et vu des reportages à la télé, la suppression de la pub, la ville en transition, « l'espoir » brandi en étendard par la communication.

Forcément, vu depuis son horizon bleu-gris d'Orange, ça lui faisait envie.

Comme on avait une bonne heure de bagnole devant nous, j'ai pris le temps de lui raconter, de lui expliquer ce qui se cachait derrière les bribes de communication qu'elle avait reçues. Alors j'ai commencé par lui parler d'écologie, parce que Piolle est avant tout présenté comme un « écolo », même si nombre de ses actes sont en fait un dévoiement de l'écologie, comme le montrent les cas de la ZFE (Zone à faibles émissions), de l'autoroute agrandie ou de l'énergie soi-disant propre fournie aux Grenoblois.

Je lui ai demandé combien de bornes elle faisait avec sa voiture. Maryline l'utilisait pour aller faire ses courses à la grande surface, amener son fils au foot et partir des fois le week-end à la campagne. Pour son boulot de garde d'enfants, elle ne s'en servait presque jamais. Là, elle revenait de Lyon où elle avait vu sa mère malade. En moyenne elle estimait faire entre cinquante et cent kilomètres par semaine.

Alors j'ai évoqué un personnage imaginaire, que j'ai appelé Benoît et qui ressemble à plein d'ingénieurs qu'on croise souvent à Grenoble.

Benoît réside lui dans une maison sur les hauteurs bourgeoises de Grenoble et se déplace tous les jours grâce à son nouveau véhicule hybride. Allers-retours quotidiens de trente kilomètres pour son boulot d'*account manager* à Soitec, une grosse boîte concevant et produisant des matériaux semi-conducteurs visant à « améliorer les performances des composants électroniques ». Des fois, avant le boulot, il fait un petit détour par le col de Porte pour aller voir le lever de soleil du sommet de Chamechaude dans le massif de la Chartreuse. Le soir, il emmène ses enfants à leur cours de piano ou de tennis, et une fois par semaine, il va à Voiron, à une vingtaine de bornes de Grenoble, pour une séance d'escalade. Un week-end sur deux, Benoît fait les deux cent vingt kilomètres qui le séparent de sa résidence secondaire du Luberon. 800 kilomètres en moyenne par semaine, au moins 8 fois plus que Maryline.

Et pourtant, si la ZFE de Grenoble est prochainement étendue aux particuliers, j'ai expliqué à Maryline qu'elle ne pourra plus utiliser sa voiture dans l'agglomération grenobloise quand Benoît pourra rouler autant qu'il voudra.

La ZFE ? C'est la Zone à faibles émissions mise en place par la ville de Grenoble et la Métropole[4] depuis 2018. Une ZFE, appelée également ZCR (Zone de circulation restreinte), est un dispositif national en cours de développement dans quinze villes françaises où certains véhicules sont interdits – ceux qui sont censés être les plus polluants, à savoir les plus vieux et plus spécifiquement les diesel. Pour l'instant, ça ne concerne que les véhicules de livraison, les poids lourds et les véhicules utilitaires légers. Mais d'ici peu, elle devrait également s'appliquer aux simples habitants. Au conseil municipal du 24 septembre 2018, l'adjointe à la santé de la ville de Grenoble, Mondane Jactat, affirmait : « Nous souhaitons qu'une zone à faibles émissions pour les véhicules

4. Grenoble-Alpes Métropole rassemble 49 communes, dont Grenoble, sa ville centre.

de particuliers soit aussi mise en place sur tout ou partie du territoire métropolitain dès 2019.» (*Le Daubé*[5], 26/09/2018).

Fin 2020, la ZFE ne concernait toujours que les véhicules de livraison, mais les particuliers étaient déjà touchés par des mesures de restriction de circulation avec la mise en place de la pastille Crit'air, entraînant des interdictions de circuler pour les véhicules les plus vieux pendant les pics de pollution.

Ce genre de mesures pose un problème de justice sociale, comme illustré par les cas de Marilyne et Benoît. Mais c'est loin d'être la seule incohérence : même d'un point de vue strictement écologique, cette mesure est inepte. Imaginons que Maryline parvienne, malgré son salaire inférieur au SMIC, à réunir assez d'argent pour acheter un nouveau véhicule jugé moins polluant que son diesel. Serait-ce vraiment «bon pour l'environnement» en prenant en compte le bilan carbone de la construction d'une nouvelle voiture ? Son vieux diesel lui aurait sans doute permis de réaliser pendant des années ses 2500 kilomètres annuels. Les particules relâchées en plus auraient-elles été plus nocives que la quantité d'énergie nécessaire à la construction d'un nouveau tas de tôle ? Sûrement pas, surtout quand on connaît les ravages provoqués par l'extraction de métaux rares nécessaires aux nouveaux véhicules censés être non polluants. Guillaume Pitron affirme dans son livre *La Guerre des métaux rares. La face cachée de la transition énergétique et numérique* (éd. Les Liens qui libèrent, 2018) qu'«un véhicule électrique pollue autant qu'un diesel», si on prend en compte son cycle de vie en entier. Les nuisances provoquées sont certes loin des yeux

5. *Le Daubé* est le surnom officieux largement répandu du *Dauphiné Libéré*, le quotidien donnant chaque matin, depuis 1944, les nouvelles officielles de Grenoble et sa région. Voir *Pourquoi Le Daubé est-il daubé ? Histoire critique du Dauphiné Libéré*, un livre du *Postillon* sorti en 2010 aussi aux éditions Le monde à l'envers.

et des capteurs atmosphériques des occidentaux, en Chine, Afrique ou Amérique du Sud. Vaut-il mieux polluer à l'autre bout du monde qu'ici ?

La Métropole veut renforcer les dispositifs d'aide au changement de véhicule ou de « prime à la conversion » pour l'achat de véhicules non polluants, afin d'aider des personnes comme Maryline à se débarrasser de leur diesel. Loin d'être un « geste pour la planète », il s'agit en fait de subventions déguisées en faveur des constructeurs de véhicules électriques ou hybrides.

Ce dispositif induit également le recours au vidéo-flicage. Pour s'assurer que les véhicules « interdits » ne circulent pas, la Métropole va installer des mouchards partout. *Le Daubé* du 22/02/2018 nous apprend que « concrètement, afin d'assurer le contrôle des voitures, le territoire pourrait se doter de caméras intelligentes. Des petites merveilles technologiques qui reconnaîtront automatiquement les plaques d'immatriculation. » Ces caméras scanneront toutes les plaques d'immatriculation, repéreront les véhicules ne devant pas rouler et pourront potentiellement ficher les trajets de tous les conducteurs. Bizarrement, les élus verts & rouges, moins fanatiques de la vidéosurveillance que les autres politiciens, ne semblent pas du tout gênés par cette invasion d'espions électroniques.

Ces ZFE sont une grande supercherie, parce qu'elles donnent l'illusion que des déplacements motorisés peuvent être non polluants. « Changer les habitudes » après des dizaines d'années de civilisation automobile est bien évidemment loin d'être simple. Mais ce genre de mesures va dans la mauvaise direction : le but ne devrait pas être de permettre à Maryline de faire 800 kilomètres par semaine en ayant, comme Benoît, la conscience « tranquille » en polluant « propre ». Le but devrait être d'abord de contraindre Benoît à faire cinquante kilomètres par semaine comme Maryline, quel que soit son véhicule.

Maryline pourrait certainement se passer de sa voiture individuelle : arrêter d'aller au supermarché, aller voir sa famille en transports en commun, louer une voiture en autopartage les rares fois où elle en a vraiment besoin. Mais si elle est contrainte à le faire pendant que tous les Benoît du monde peuvent rouler comme ils veulent, les ZFE passeront d'abord pour de l'injustice plutôt que pour de l'écologie.

Et pourtant la mise en place de cette ZFE est une des plus grandes fiertés du premier mandat du maire écolo de Grenoble. Il revendique souvent, comme dans son bouquin *Grandir ensemble. Les villes réveillent l'espoir* (éd. Les Liens qui libèrent, 2019) : « Nous sommes devenus la plus vaste zone à faibles émissions de France. »

Il est frappant que ce dispositif, lancé quelques mois avant le mouvement des Gilets jaunes, parti notamment de la critique de l'écotaxe, n'ait été que très faiblement critiqué. Si les opposants locaux à Piolle l'attaquent à longueur de journée sur son supposé laxisme, sa supposée haine des automobilistes ou ses politiques antisociales, presque personne ne remet en cause la pertinence de ses actes d'un point de vue écologique. Au *Postillon*, on essaye, mais force est de constater que les éléments amenés n'ont rien provoqué, que ce soit sur cette histoire de ZFE, sur l'agrandissement de l'autoroute A480 ou sur l'électricité supposée « verte » vendue aux Grenoblois.

Il faut dire que les partisans de Piolle martèlent dans une propagande assommante que les politiques menées par leur champion conduisent à un « monde de demain » qui chante, et que cette propagande, aussi grossière soit-elle, parvient à toucher des habitants de Grenoble et de la France entière, comme Maryline.

Depuis 2017, la municipalité grenobloise s'est positionnée pour devenir « Capitale verte de l'Europe 2022 », un prix lancé par la Commission européenne pour « encourager les villes à prendre en compte l'environnement dans leurs aménagements urbains ». Rien de folichon, même si cette quête est présentée par les élus grenoblois comme quelque chose de révolutionnaire.

Un clip présentant la candidature de Grenoble à ce prix proclame fièrement : « Ici, le climat devient fou deux fois plus vite, alors ici on est deux fois plus forts. Ici, depuis toujours, depuis les débuts, on est les champions, on est des pionniers, on relève tous les défis. Et aujourd'hui ? On accélère ! *Ici, c'est Grenoble !* [...] On est les super-héros de la ville de demain. »

Comme tous les gouvernants, Piolle et son équipe trahissent l'histoire et la mémoire en prétendant qu'« ici », « depuis toujours » on a été des « champions », « pionniers », « super-héros » de la « ville de demain ». La réalité, c'est que la cuvette de Grenoble est un endroit sur-bétonné, où les derniers espaces verts disparaissent sous les assauts des promoteurs immobiliers et des zones commerciales, où les « pics » de pollution se transforment régulièrement en « plateaux », avec des usines chimiques classées Seveso 2 et quantité de laboratoires et d'entreprises travaillant sur des technologies inutiles et énergivores. « Depuis toujours » Grenoble a été à la pointe de la fuite en avant technologique, de l'artificialisation des sols, de la pollution de l'air, et de « l'attractivité » du territoire, en attirant toujours plus de personnes dans un espace restreint – pas des pauvres gens en galère de logement, mais de riches ingénieurs et cadres au mode de vie très énergivore. Mais analyser et critiquer ces faits honnêtement ne rentre pas dans les plans de communication de Piolle. Il préfère donc tordre la réalité pour dérouler une propagande ultrapositive en rabâchant « *Ici, c'est Grenoble !* »

Voilà le slogan préféré des piollistes, martelé sur les réseaux sociaux avec le hashtag #IciCestGrenoble pour saluer la moindre réalisation de leur champion. Pour la campagne des municipales de 2020, l'affiche collée des milliers de fois sur les panneaux électoraux représentait la tête du candidat en gros avec ce slogan « Ici, c'est Grenoble ! ». Éric Piolle avait pourtant proposé aux Grenoblois de venir « co-construire » une affiche de campagne. Le 25 octobre 2019, il postait sur les réseaux sociaux : « Vous en avez un peu marre des photos de candidats qui se ressemblent toutes ? Moi aussi ! RDV le mercredi 6 novembre avec Grenoble En Commun pour construire ensemble mon affiche de campagne ! »

Moins de 30 personnes répondirent présentes, essentiellement des candidats, quelques « Pom-Pom-Piolle », leurs enfants... Mais aucun ne figura sur l'affiche de campagne, composée d'une photo du candidat très classique avec donc ce slogan « Ici, c'est Grenoble ! », rappelant forcément les chants de supporters de foot « Ici, c'est Paris ! »

Si tous les slogans ont leurs limites, celui-ci est particulièrement limité. Pour supporter une équipe de foot ou de rugby, passe encore : le soutien inconditionnel à un collectif sportif induit une grosse part de mauvaise foi. Et s'il est possible, d'un point de vue footballistique, de réduire Paris au PSG, il en est tout autrement d'un point de vue politique, une ville ne pouvant être réduite aux actes de ceux qui la dirigent. Au second tour des élections 2020, Piolle n'a réuni que 16 766 voix pour un peu plus de 160 000 habitants, mais seulement 85 000 inscrits. Grenoble « c'est » donc pas Piolle, ni ses réalisations politiques, pas plus que Grenoble « c'est » les règlements de compte sanglants, les ingénieurs adeptes de trail, les clients des PMU des quartiers sud, les cultureux aisés se pressant aux spectacles de la maison de la Culture MC2, les commerçants inquiets par le développement des pistes cyclables ou les punks à chiens du centre-ville. Grenoble, « c'est » un peu de tout ça et beaucoup d'autres choses.

L'utilisation à outrance du slogan « Ici, c'est Grenoble ! » révèle avant tout la mauvaise foi permanente dans la communication de Piolle – ou la panne d'inspiration totale.

Depuis 2019, « en même temps » qu'est mise en place la ZFE, de gigantesques travaux ont lieu dans la ville qui ambitionne d'être « Capitale verte de l'Europe 2022 ». Sept kilomètres de l'autoroute A480 longeant Grenoble à l'ouest sont en train d'être élargis pour passer de deux à trois voies, le tout avec l'accord du maire écolo, malgré un chantier titanesque entraînant quantité de nuisances pour les riverains. *Ici, c'est Grenoble !*

Ces travaux autoroutiers ne sont pas portés par la mairie de Grenoble, mais par la Métropole et la société concessionnaire d'autoroutes AREA, et sont la conséquence d'accords nationaux de 2015 entre Macron et les groupes autoroutiers, la concession des autoroutes à des opérateurs privés ayant été prolongée en échange de gros travaux. Au début du mandat, les élus écolos grenoblois étaient d'ailleurs contre, Piolle répétant alors à l'occasion qu'« élargir les tuyaux, ce n'est pas la bonne dynamique » (France 3, 2/12/2015). Mais finalement, vu qu'AREA, via l'augmentation des péages, a aligné la quasi-totalité des 300 millions d'euros nécessaires à cet élargissement, Piolle a été « raisonnable » et est allé même jusqu'à parler lors d'une réunion dans le quartier des Eaux-Claires le 14 janvier 2019, de l'agrandissement de l'autoroute comme d'un « grand et beau projet ». *Ici, c'est Grenoble !*

Les élus grenoblois ont bien émis quelques « réserves » en suggérant des murs antibruit, une vitesse limitée à 70 kilomètres par heure ou une voie réservée pour le covoiturage, mais ne se sont jamais battus vraiment contre ce projet depuis qu'ils sont aux responsabilités.

Quelques décennies plus tôt, la construction des centrales nucléaires avait été aussi une décision imposée par l'État et les écologistes s'étaient fermement positionnés contre. Ils ne s'étaient pas contentés d'émettre des « réserves » en demandant du plutonium équitable ou des pots de fleurs autour des centrales.

Au début des années 2000, après quelques hésitations (ils étaient dans la majorité municipale d'alors), les écologistes grenoblois s'étaient également prononcés contre la construction dans le parc Paul Mistral d'un grand stade de football. Ce stade avait coûté « seulement » une centaine de millions d'euros, amputé le parc et entraîné la coupe de quelques dizaines d'arbres, mais la lutte avait été féroce. Et là, pour l'A480, plus de 300 millions d'euros de budget et des centaines d'arbres tronçonnés, aucune lutte pour les écolos de pouvoir et seulement quelques « réserves ». Loin de moi l'idée d'opposer les Verts militants du bon vieux temps, aux Verts devenus sournois après leur accession au pouvoir. Dès 1995, les Verts grenoblois et leurs alliés ont eu un fort contingent d'élus au conseil municipal et, depuis leur création, toute leur stratégie a été tourné vers l'électoralisme. N'empêche que l'ampleur des renoncements depuis leur arrivée au pouvoir est un cas d'école.

Le pouvoir assagit et quand des militants y accèdent, les troupes des opposants sont subitement amaigries. Si les élus verts grenoblois n'avaient pas été à la mairie, nul doute qu'ils auraient été vent debout contre l'élargissement de l'autoroute et auraient essayé de canaliser une opposition. Dans ce cas-là peut-être que Maryline aurait entendu parler dans les médias nationaux de ce projet d'autoroute, de sa contestation et des millions engloutis pour faire rouler toujours plus de bagnoles.

Mais là, la contestation de ce chantier à 300 millions d'euros a occasionné seulement quelques rassemblements de quelques dizaines de personnes, une vélorution de quelques centaines d'autres, et quelques pancartes dans les marches pour le climat grenobloises. Si 135 scientifiques grenoblois ont signé une tribune contre l'agrandissement de l'A480 arguant que « l'agglomération grenobloise, au rayonnement scientifique mondial, ne peut se permettre d'être le symbole de l'hypocrisie climatique, en laissant sur son territoire se développer un projet à ce point incompatible avec les nécessaires transitions énergétiques et environnementales », les quelques actions organisées n'ont pas permis de développer un rapport de force permettant de bloquer le chantier. En ne combattant pas ce projet depuis la mairie de Grenoble, les écolos grenoblois ont été les meilleurs alliés d'AREA.

Dans les Alpes, peut-être que « le climat devient fou deux fois plus vite », mais les élus sont encore plus fous, plus fous que le climat, et peuvent prétendre à longueur de discours « amplifier » leurs efforts pour lutter contre le réchauffement climatique tout en « augmentant » une autoroute.

Je lui racontais tout ça, à Maryline. C'était bien moins détaillé mais contrairement à ce que je redoutais, ça ne la déprimait pas, ce tableau un peu sombre de cette municipalité porteuse d'« espoir ». « Si j'avais un peu envie d'y croire, c'est surtout parce qu'il est beau gosse votre maire… ». Comme on passait devant les centrales nucléaires de Cruas le long de l'autoroute A7, j'ai continué mon monologue sur l'imposture écologique de la municipalité grenobloise en survolant les questions énergétiques.

Au moment du lancement de la candidature au prix de « Capitale verte de l'Europe 2022 », Piolle fanfaronnait en annonçant que « d'ici 2022, 100 % des besoins des Grenoblois seront couverts en électricité verte ». L'occasion d'une campagne de presse accrocheuse, *Le Daubé* titrant, le 9 mars 2018, « Grenoble : fini le nucléaire en 2022 ! »

Pour alimenter tous les habitants grenoblois sans nucléaire, GEG (Gaz et électricité de Grenoble, l'opérateur local dont la mairie est actionnaire minoritaire) veut tripler sa production d'énergie verte. L'idée, c'est de mettre le paquet sur l'éolien, qui est le « plus gros générateur d'opportunités », comme dirait la directrice de GEG Christine Gochard. Pour l'instant, l'éolien apporte 16 GWh/an (gigawattheures par an) à l'opérateur d'électricité : d'ici 2022 les grandes pales devraient produire 209 GWh/an. Treize fois plus ! Va-t-on voir pousser des éoliennes dans la cuvette, au risque d'enlaidir nos si charmants paysages ? Non, pas d'inquiétude pour les locaux : même si le dossier de presse de GEG est intitulé « Grenoble, l'énergie des Alpes », les projets d'éoliennes de GEG « sont localisés dans l'Oise, la Somme, l'Aisne, le Maine-et-Loire, La Charente-Maritime, la Charente, la Haute-Vienne, l'Aveyron, l'Aude et l'Allier ». Si certains de ces projets rencontrent quelques « oppositions locales », la communication de GEG ne les mentionne jamais : « l'électricité verte », ou « propre » est incritiquable, hormis par de vieux grincheux n'ayant rien compris aux bienfaits de la transition enchantée du monde de demain et au plan de communication de Piolle.

Il n'y a pas que de l'éolien dans les énergies « vertes ». La production photovoltaïque devrait passer de 12 GWh/an aujourd'hui à 27 GWh/an en 2022, grâce au « parc solaire » de Susville (à une quarantaine de kilomètres de Grenoble) ou aux « ombrières photovoltaïques » installées sur des parking-relais. La production hydroélectrique devrait, elle, passer de 97 GWh/an actuellement à 143 GWh/an dans cinq ans. Comment ? En multipliant les projets de microcentrales dans les rivières alentour... Des projets qui ne manquent pas de provoquer également des « oppositions locales », même si on en entend aussi peu parler. L'opérateur avait, par exemple, un projet sur le Guiers Mort, une rivière coulant à Saint Pierre de Chartreuse. Un projet qui a capoté suite aux protestations de la FRAPNA (Fédération Rhône-Alpes de protection de la nature), de l'ONF (Office national des forêts) ou des représentants de la pêche qui s'inquiètent des « perspectives de dégâts causés sur le milieu. Sous le prétexte d'écologie, on tue nos rivières. » Mais GEG a également deux projets de microcentrales à Peisey-Nancroix, dans la Tarentaise. Une association, Nant Sauvage, s'est constituée pour tenter de « préserver le caractère sauvage du torrent de Nant Benin ». Elle dénonce un « désastre environnemental assuré » sur ce « cours d'eau joyau », « un des derniers torrents sauvages de nos montagnes » : « les projets de microcentrales à Peisey n'apparaissent pas compatibles avec les principes de la loi sur l'Eau et les milieux aquatiques ». Mais peu importe : tout ce qui n'est pas nucléaire est « propre », selon GEG et la mairie. Pour s'enorgueillir de la décision de GEG, Piolle apparaît dans une vidéo sur Facebook sur laquelle il est inscrit « 0 % nucléaire, 100 % propre ». Propre comme de l'eau de roche (qu'on détourne de son lit – en flinguant l'écosystème qu'elle entretenait – pour la mettre dans une canalisation qui actionne des turbines).

Le bouquin de Guillaume Pitron déjà évoqué *La Guerre des métaux rares* est assez instructif sur la « vertitude » des éoliennes ou des panneaux solaires. Si l'énergie provenant du vent ou du soleil est « renouvelable », on ne peut pas en dire autant des métaux rares, indispensables à la construction des panneaux solaires ou des aimants des éoliennes. Et leur extraction, réalisée la plupart du temps en Chine ou en Afrique, est un désastre : pour avoir quelques dizaines de grammes de ces métaux, il faut extraire des tonnes de roches du sous-sol, puis consommer des milliers de litres d'eau et quantité de réactifs chimiques pour obtenir un métal pur. Ces technologies « propres » nécessitent donc pas mal de procédés « sales » dans des pays pauvres. Quand Piolle vante le futur « 100 % propre », il parle seulement des conséquences pour notre région. C'est normal : Grenoble ne peut pas s'occuper de toutes les pollutions du monde. *Ici, c'est Grenoble !*

Si l'énergie nucléaire est un désastre et qu'aucune source d'électricité « verte » n'est en réalité « propre », le problème principal auquel devraient s'attaquer des politiciens écolos conséquents est la réduction de la consommation d'électricité. Mais ni GEG ni Piolle ne parlent une seule fois de sobriété et de baisse de la consommation : il ne faut pas affaiblir le business de la transition énergétique. « Transition » basée sur la « *smart-city*[6] » et tout un tas d'objets connectés engloutissant toujours plus d'électricité, verte ou grise, peu importe. D'ailleurs, il y a un manque étrange dans la communication de GEG autour de la « fin du nucléaire ». L'électricité « verte » va couvrir les besoins des « particuliers grenoblois ». Mais à Grenoble, les principaux consommateurs sont les centres de recherche, les laboratoires, les entreprises... Certaines de ces structures consomment vraiment beaucoup d'électricité. Savez-vous que Minatec, le « premier pôle européen pour les micro et nanotechnologies », a fait bondir la consommation d'électricité de Grenoble de 17,6 % au moment de son ouverture en 2006[7] ? Depuis, on ne sait pas combien de GWh engloutit ce centre chaque année, mais on peut parier que sa consommation n'a pas baissé. Tout comme celle du Commissariat à l'énergie atomique (CEA) tout proche, du Synchrotron, l'immense anneau de béton faisant office d'accélérateur de particules, et de toutes les grosses boîtes de la presqu'île scientifique et d'ailleurs. Tenez, par exemple, prenez le Centre national de la recherche scientifique (CNRS) : il abrite un Laboratoire national des champs magnétiques intenses (LNCMI). Laboratoire qui vient d'installer un nouvel aimant énorme, et qui en profite pour revoir l'alimentation électrique du site, la faisant passer de 24 MWh à 30 MWh en 2020 et 36 MWh à terme... Se donnant ainsi la possibilité de consommer toujours plus, alors que sa consommation annuelle approche déjà les 18 GWh/an, soit celle de 9000 Grenoblois.

On parle beaucoup des industries « high-tech » grenobloises comme des acteurs de la « transition » écologique, jamais comme ce qu'elles sont avant tout d'un point de vue

---

6. La *smart city* est une ville truffée de capteurs qui produisent des données au service d'une gestion des ressources prétendument rationnelle.
7. À ce sujet, lire *Minatec survolté, énergie engouffrée* sur www.piecesetmaindoeuvre.com

écologique : des gouffres énergivores. C'est que dans les « transitions » prônées par Piolle et ses collègues politiciens, l'important c'est avant tout la communication. Dès qu'on gratte la couche de vernis, on se rend compte de l'imposture.

C'EST LA LUUTEUH FINALEUH
GROUPONS-NOUS ET DEMAINNN
TACTAC
L'INTEEERNATIONAALEUH
SERA LE GENRE HUMAIN
KSS... ON RESTE
BIEN GROUPÉ
GRRR
nardo

CHAPITRE TROIS

L'AUSTÉRITÉ POSITIVE

« Et alors, vous avez des scoops pour le prochain numéro ? »
C'est une question qui revient souvent quand je croise des lecteurs.
Mais j'aime pas les scoops. C'est vraiment pas ce qui m'intéresse le plus dans le journalisme.
Déjà parce que souvent ça ne traite que de l'écume de la vague qui guide la marche du monde. C'est croustillant, mais c'est comme les bonbons : ça dure pas longtemps dans la bouche, sitôt fini, on en veut un autre, et à la fin on a rien mangé de très « nourrissant ».
Et puis souvent c'est trop facile, comme journalisme. Hop, une source bien informée nous balance une info, tchouk on

recoupe on vérifie, boum on fait un titre accrocheur et bam on a l'impression d'être un vrai journal. Ça fait jaser, pouffer, *tweeter*, *liker*, en tout cas beaucoup plus que les articles de fond demandant autrement plus de temps et de boulot. Et pourtant j'aimerais plutôt que les lecteurs s'excitent sur nos longs papiers d'analyse documentée, de recul historique ou de reportages originaux que sur des minables scoops. Je suis beaucoup plus fier de certains longs articles qu'on a publiés, qui racontent vraiment une partie de notre monde actuel, que des quelques scoops qu'on a sortis.

Parce que ça nous est arrivé quelquefois.
Par exemple sur le plan d'austérité imposé par Piolle et son équipe en 2016. Enfin, ils ne l'ont pas appelé comme ça mais « plan de sauvegarde des services publics », comme les plans de licenciements dans les grands groupes sont aujourd'hui des « plans de sauvegarde de l'emploi ».

Comme toujours avec l'austérité, ses promoteurs ont de bonnes excuses. Ce coup-ci, ce sont les fameuses baisses de dotation de l'État, qui obligent les communes à toujours rogner sur leur budget. Alors, les élus verts & rouges en ont été réduits à présenter un plan « contre-intuitif », selon leurs propres mots. Suppression d'une centaine de postes, fermeture de trois bibliothèques de quartier, suppression de certaines maisons des habitants (MDH), hausse des tarifs de stationnement et de piscine, réduction d'effectif au service de santé scolaire : difficile de trouver les marqueurs « citoyens », « de gauche » et « écologistes ». Bien loin de toute « co-construction », ce « plan de sauvegarde des services publics locaux » a été élaboré en catimini par les élus et les services, alors qu'il était en complète contradiction avec leurs engagements de campagne. L'engagement numéro 110 promettait par exemple de « maintenir et soutenir le réseau des quatorze bibliothèques municipales » ou le numéro 49 de réaliser un « diagnostic partagé sur l'état du stationnement» afin «d'identifier des solutions qui seront soumises à consultation».

Suite à l'annonce de ce plan, des salariés de la ville, des syndicalistes et des habitants se sont mobilisés contre. Grèves, pétitions, collages d'affiches, rassemblements, etc. Les manifestants ont envahi le conseil municipal du 11 juillet 2016, entraînant son annulation et son report au 18 juillet. Celui-ci a pu se tenir à cause d'une importante présence policière. *Idem* pour celui du 26 septembre, où environ cent cinquante personnes avaient érigé un «mur de livres» pour protester contre la fermeture des bibliothèques. Le 7 novembre, encore deux cents personnes ont protesté contre le «plan de sauvegarde» sous les fenêtres de la salle du conseil, en faisant un concert de casseroles dans le but de se faire entendre du conseil municipal. Deux heures de batucada de casseroles, c'est – on peut témoigner – une forme de torture moderne. Mais ça n'a pas empêché les élus de voter leurs décisions : ils ont simplement haussé le volume des micros pour pouvoir s'entendre et sont restés complètement sourds aux revendications de l'extérieur.

Dans le film documentaire des macronistes Cohn-Bendit et Goupil *La traversée* (2018), Éric Piolle répond à son ami Cohn-Bendit qui s'inquiète de savoir s'il est «attaqué par l'extrême gauche» : «Non seulement on a eu un conflit très dur sur les fermetures de bibliothèques, les réductions de dépenses que l'on a faites pour absorber le mois de dépense que nous a sucré Valls, mais au mois de décembre il y avait des cagoules et barres de fer au conseil municipal, donc protégé par la police.»

Hallucination? Mensonge? Lors des rassemblements contestant le «plan de sauvegarde» et les fermetures des bibliothèques, on n'a vu ni barre de fer ni cagoule. Il y avait bien des tracts, un mégaphone, une batucada, des piles de livres ou un cercueil. Les protestataires étaient certes en colère mais n'ont jamais commis la moindre agression physique. Tout juste ont-ils tapé sur des vitres, sans même les briser.

S'ils étaient en colère, c'est parce qu'ils se trouvaient face à un mur. Un mur tenu par des personnes qui trois ans auparavant auraient sans aucun doute participé à la contestation d'un tel plan d'austérité. Mais qui, une fois aux responsabilités, se sont mis à agir comme tous les autres adeptes du pouvoir : annonce d'un plan d'austérité sans concertation, aucune marge de négociation, argumentaire du « il n'y a pas d'alternative », mépris des contestataires.

En tout, dix conseils municipaux ont été perturbés par les opposants au « plan de sauvegarde ». Un an de combat pugnace, ce qui en fait la plus grosse mobilisation du premier mandat de Piolle. Ce n'était pas qu'une lutte visant à « sauver des emplois », c'était d'abord défendre une certaine vision de l'accès à la culture pour tous, surtout les personnes qui en sont les plus éloignées, avec pour focus la contestation de la fermeture de trois bibliothèques de quartier, dont deux situées en Quartier prioritaire de la politique de la ville (QPPV).

Pendant trois numéros on a assez longuement traité de ce plan et de sa contestation. En septembre 2016, on a même sorti un scoop, en publiant des échanges de mails assez croustillants entre élus du PG. La première adjointe Élisa Martin expliquait notamment : « J'ai validé le plan de sauvegarde sans faire gaffe. Quelle conne ! »

Une conseillère municipale du Parti de gauche expliquait plus longuement ses doutes : « En ce qui concerne les bibliothèques, je pense que c'est une connerie, du moins sous cette forme. Les écoles maternelles [...] qui fréquentaient celle de Prémol n'iront pas jusqu'à Arlequin [bibliothèques situées dans les quartiers Sud, Prémol fait partie des bibliothèques fermées par la municipalité]. [...] J'ai eu ce soir un comité de pilotage au collège VO [Village olympique] et c'est bien ce qui a été dit par les directeurs/trices. Ils n'étaient pas agressifs, juste dépités. Il y avait une maman, qui habite Beauvert je crois, qui en pleurait en me parlant à la sortie de la réunion. Et il fallait que je défende une décision que je trouve indéfendable ! [...] Je ne suis vraiment pas convaincue de faire du bon boulot. On est plus des gestionnaires du quotidien (et encore, pas toujours bien). On est toujours pris par le temps sans pouvoir approfondir des dossiers, on est là pour faire le tampon. Mais la politique ? Quant à la co-construction, franchement c'est un peu une blague. N'oublions pas qu'au sujet du stationnement, on n'avait pas réussi à se mettre d'accord pendant la campagne et qu'on avait décidé de botter en touche en mettant dans le programme qu'on verrait ça... avec les Grenoblois. Et bing on se tape l'augmentation des tarifs sans aucune consultation. Qu'on soit d'accord ou pas avec cette décision, en attendant on n'a pas respecté ce qu'on avait écrit. Et c'est cela qu'on nous reproche [...]. Des concertations on en fait certes, mais pour les petits projets de quartiers, pas sur les questions plus importantes.

Bref, mon bilan des deux ans ? On s'est mis à dos une bonne partie des acteurs culturels, à tort ou à raison, mais c'est un fait. Dans les quartiers sud, nous avions aux Baladins et à la Villeneuve un électorat. Pas sûr qu'on le conserve, je le crains. »

Comme attendu, la publication de ces échanges a suscité une flopée de commentaires politiciens, plus ou moins amusants. Entre autres exemples, le conseiller municipal de droite Matthieu Chamussy a parlé de *Postillon papers* (*sic*) lors du conseil municipal du 26 septembre. Le leader des socialistes Jérôme Safar, bien connu de nos lecteurs pour le nombre de papiers pas vraiment tendres qu'on lui a consacrés, a posté sur sa page Facebook (24/09/2016) : « Dire que je suis super fan du journal en question serait assez exagéré même s'il est beaucoup plus drôle à lire quand on est dans l'opposition... mais là... je ne peux que vous inciter à le lire [...].»

Nombre de nos lecteurs nous ont félicités pour le «beau coup» qu'on avait fait en publiant ces mails, affichant leur satisfaction de voir enfin des informations «croustillantes» dans notre canard. Et pourtant j'estime que les autres papiers sortis sur ce plan d'austérité étaient autrement plus intéressants que ce scoop de ragotage politique. J'avais essayé d'amener plein de matière à réflexion, pour moi dignes d'intérêt, mais là-dessus, aucun retour.

J'avais par exemple raconté que pendant la conférence de presse annonçant le «plan de sauvegarde», l'adjointe aux cultures Corinne Bernard a tenu à rassurer: si la mairie a décidé de fermer trois bibliothèques, dont deux en quartiers prioritaires, elle continuera par contre à développer la «bibliothèque numérique». Rappelons simplement que suite à l'obtention du label «Bibliothèque numérique de référence», la Ville de Grenoble avait touché sur trois ans un million d'euros de l'État pour développer la lecture virtuelle. Une fois de plus, l'argent public finance le développement de la vie virtuelle et pas les services publics dans la vraie vie. Cette morale peut servir aux bibliothèques, comme à tant d'autres secteurs.

J'étais aussi revenu sur la prétendue lutte de Piolle contre l'austérité imposée par l'État. Le 25 novembre 2015, la mairie avait organisé une «journée sans service public» pour protester contre la baisse des dotations de l'État. Le but de cette journée était de «mettre les habitants en mouvement». C'est-à-dire? «Comme les services publics sont fermés et que des élus sont devant les bâtiments pour expliquer pourquoi, les habitants s'arrêtent quelques minutes, discutent, et ça les met en mouvement». Un vœu bien entendu ridicule. D'ailleurs, qui a vu des «habitants en mouvement» suite à cette journée ? On a beau être la « capitale de l'innovation » à Grenoble, des fois ça rate : une grève ou une manifestation resteront toujours plus efficaces pour « mettre les habitants en mouvement » qu'une journée comme celle-là. En fait le but de cette journée était de préparer les esprits aux « choix difficiles » qui ont été faits ensuite.

Lors de cette journée, Éric Piolle voulait avant tout faire passer un « message positif ». Comprendre : ne surtout pas être assimilé à ces vieux ringards luttant contre « l'austérité », arc-boutés sur un modèle social sentant bon le formol. Donc « tourner le dos aux vieilles habitudes pour, ensemble, construire de nouveaux points de repère, établir de nouvelles règles du jeu », « transformer concrètement le service public », « travailler avec les citoyens pour redéfinir ensemble le service public », « créer le service public du XXIe siècle ». En bon Grenoblois, le maire critique surtout les « vieilles habitudes » et désire donc avant tout être « innovant » et « être les premiers à faire différemment ». Il ne croit pas si bien dire : qui a déjà fermé des bibliothèques en France pour des raisons budgétaires ?

Dans un autre numéro, j'avais aussi affirmé qu'il est beaucoup plus facile pour une mairie de « l'autre gauche » d'imposer des mesures antisociales. Si une mairie socialiste ou de droite avait annoncé de telles mesures à Grenoble, il y a fort à parier que la mobilisation aurait été beaucoup plus importante. Elle aurait été suivie notamment par bon nombre des élus qui ont voté ces mesures, et quantité de leurs soutiens. Avec les verts & rouges à la mairie, la lutte concerne essentiellement les habitants et salariés directement concernés, et quelques militants libertaires ou de « l'autre gauche » revenus de l'espoir qu'avait suscité l'élection de Piolle. Quelques militants socialistes ou de droite rôdent autour, mais sans s'y impliquer réellement. On observe ainsi au niveau local la même chose qu'au national : si la droite avait voulu faire passer une loi comme celle d'El Khomri, plusieurs millions de personnes supplémentaires auraient rejoint les rangs des manifestations anti-loi Travail.

La municipalité grenobloise est parvenue à se positionner sur le créneau de la seule et unique « alternative » à la droite plus ou moins complexée (Rassemblement national – RN, Les Républicains – LR, ou PS), qu'il faut à tout prix défendre et protéger, quels que soient ses actes.

Et enfin j'avais relevé la rhétorique de Piolle, qualifiant les opposants de réactionnaires. Convaincus d'être du côté du Bien, de « faire la politique du XXIe siècle », les alter-élus placent tous les opposants à leur politique du côté du Mal, c'est-à-dire des « conservateurs ». Dans *Le Daubé* (24/09/2016), Piolle parle des opposants au « plan de sauvegarde » comme de « conservatismes qui émergent ». Si les conseils municipaux sont gardés par la police, c'est « parce qu'il y a encore des conservatismes forts ». Fermer des bibliothèques, des maisons d'habitants, amputer le service de santé scolaire et supprimer plus d'une centaine de postes semble donc être pour Piolle un grand progrès, qui va permettre « de créer le service public du XXIe siècle ». Dans l'époque politiquement brouillée que nous vivons, cela fait bien longtemps que « progrès » et « conservatisme » ne veulent plus dire grand chose. Mais la rhétorique de Piolle montre que la connerie, elle, reste en constant progrès.

Ajoutons à tous ces éléments que contrairement à ce que Piolle a toujours affirmé, d'autres scénarios avaient même été étudiés par les services de la Ville pour faire face à la baisse des dotations de l'État. La municipalité a délibérément choisi celui qui sacrifiait certains services publics (le fonctionnement, c'est-à-dire les salariés) au profit d'investissements électoralistes de fin de mandat. Une hypothèse envisageait une baisse bien moindre des dépenses de fonctionnement aux dépens du budget d'investissement[8]. Mais ce n'est pas la solution choisie par la bande à Piolle, qui a préféré au maintien d'un service public de lecture dans les quartiers « prioritaires » ou d'un service de santé scolaire efficace, la possibilité de faire plus d'investissements pour la fin de mandat. En clair, le service public a été sacrifié au profit des dividendes des actionnaires d'entreprises comme Eiffage, Vinci ou Bouygues. En 2019 et début 2020, juste avant les élections, les chantiers se sont en effet multipliés dans les rues de Grenoble, pour le plus grand plaisir du BTP.

Ce secteur du BTP peut d'ailleurs se targuer d'avoir été un des seuls manifestants contre Piolle à avoir obtenu satisfaction. Le 11 mars 2015, une manifestation de plusieurs centaines de salariés avec engins de chantier a défilé dans Grenoble afin de réclamer des chantiers publics. C'est toujours amusant de constater que la principale revendication de ces petits patrons, censés ne pas dépendre de l'État-providence, est la même qu'un vulgaire intermittent du spectacle ou qu'un chômeur-allocataire du RSA-bon-à-rien-assisté, à savoir : « Donnez-nous du fric ». Cette manif s'était conclue devant la mairie de Grenoble, les représentants ayant été directement reçus par Piolle contrairement aux manifestations de gauchistes, qui n'ont généralement droit qu'à un petit adjoint ou une salariée du cabinet.

Impossible de savoir ce qui s'est dit pendant ce face-à-face, mais je constate juste que pendant les cinq années qui ont suivi, les patrons du BTP n'ont plus jamais râlé contre la mairie de Grenoble et que du béton a coulé un peu partout dans la ville.

Bref, revenons à ce « plan de sauvegarde ». Au bout de six mois de mobilisation, la mairie reviendra finalement sur un seul point : la fermeture de la bibliothèque Alliance,

---

8. Les détails financiers sont un peu détaillés dans l'interview de Guy Tuscher au chapitre 6, et plus longuement dans *Le Postillon* n° 39, février-mars 2017.

finalement maintenue ouverte mais avec une équipe et des collections réduites de moitié, et transformée en «tiers-lieu», une «arnaque inspirée du marketing» dénoncée par les bibliothécaires opposés au plan d'austérité. La bande à Piolle se félicitera de ce lieu maintenu ouvert mais n'aura jamais un mot de remerciement pour celles et ceux les ayant finalement contraints à revenir un peu sur leurs décisions, présentées comme «non négociables» pendant des mois.

Le collectif s'opposant à la fermeture des bibliothèques ne s'est néanmoins pas contenté de cette petite reculade et a continué à faire signer une pétition pour demander la réouverture des trois bibliothèques fermées, recueillant plus de 4000 signatures.

Dans le dispositif «d'interpellation citoyenne» mis en place par la liste Piolle à son arrivée, recueillir plus de 2 000 signatures permet que la demande du collectif soit examinée au conseil municipal, et entraîne, si elle est refusée par les élus, la mise en place d'une votation. La réouverture des trois bibliothèques est donc examinée au conseil municipal du 22 mai et la majorité propose une solution au rabais (la transformation des bibliothèques Prémol et Hauquelin en «relais-lecture» – c'est-à-dire des dépôts de quelques livres – ouverts une demi-journée par semaine). Pendant six semaines, le collectif essaye encore de négocier, mais devant le refus de toute négociation de la mairie, décide d'aller à la votation citoyenne. Peine perdue! La Ville se sert du prétexte de la démission des porte-parole du collectif, en désaccord avec la majorité du collectif, pour refuser la votation citoyenne. Au conseil municipal du 10 juillet, les élus verts & rouges refusent de la mettre en place – malgré une lettre au maire rédigée par les démissionnaires, demandant à ce que leur démission ne serve pas d'argument à la Mairie pour refuser la votation citoyenne. Sur le sujet des bibliothèques, la majorité municipale a décidé de faire grosso modo comme elle avait décidé toute seule à l'origine et tant pis pour les « innovations démocratiques » tant vantées dans la communication municipale.

L'année d'avant, une votation « pour une concertation sur la hausse des tarifs de stationnement » avait abouti à un semi-échec. Les partisans d'une concertation avaient remporté plus de 70 % des 6 700 suffrages, mais leur avis n'avait pas été pris en compte à cause du seuil énorme des 20 000 voix minimum pour que le vote soit appliqué par la municipalité. Fixer un seul inatteignable pour ne pas appliquer un vote, voilà une technique vieille comme le monde que nos politiciens du XXIe siècle ont su conserver du vieux XXe siècle. Pour les bibliothèques, les choses sont encore plus simples : il n'y a tout simplement eu aucune votation. Une fois de plus, le « laboratoire de la démocratie participative » a su innover : si le résultat de l'expérience risque de ne pas vous convenir, jetez l'éprouvette à la poubelle tout en expliquant *urbi et orbi* que vous allez vous battre comme un chien pour en faire connaître les résultats.

Cette lutte contre la fermeture des bibliothèques a même montré tout le mépris que les élus verts & rouges avaient pour les droits syndicaux. Le 1er juillet 2017, des bibliothécaires grévistes avaient été remplacés par des cheffes de service à la bibliothèque Alliance. Les grévistes s'en étaient offusqués, et avaient apposé une affiche « casseurs de grève » sur la porte de la bibliothèque. Une bibliothécaire avait poussé l'audace jusqu'à dire aux remplaçantes des grévistes : « C'est grâce aux grévistes que la bibliothèque Alliance reste ouverte. J'espère que vous n'oublierez pas, nous, on s'en souviendra. »

Simplement ces trois mots « on s'en souviendra ». À cause de cette nano-phrase, l'agente a eu un entretien disciplinaire et a été sanctionnée pour « propos perçus comme étant menaçants ». « C'est une sanction très légère, un avertissement non inscrit dans son dossier, analyse une autre bibliothécaire en lutte. Mais c'est dangereux comme démarche :

le but c'est de faire comprendre aux agents qu'ils peuvent être sanctionnés sur la simple interprétation que la hiérarchie fait de leurs propos, qui plus est dans le cadre d'une grève, où, par définition, on n'est pas d'accord avec ce qui se passe. C'est une façon indirecte de museler la contestation et une entrave à la liberté d'expression et au droit syndical.»

Les opposants externes, mais aussi internes ont toujours été traités avec le plus grand mépris, l'épisode du «plan de sauvegarde» ayant aussi permis une purge au PG, que je me permets de vous détailler.

Le plan taillant dans les dépenses sociales est logiquement mal passé chez nombre de militants remontés contre les politiques d'austérité. Juste après la présentation de ce plan, le 11 juin 2016, le comité de Grenoble du PG envoie à la presse un communiqué pour soutenir sans réserve les élus grenoblois, rejetant la faute sur «le libéralisme et les trahisons du gouvernement Valls-Hollande». Jusque-là, tout va bien dans la discipline de parti. Mais quelques jours plus tard, patatras! Le 17 juin, les deux co-secrétaires départementaux envoient un autre communiqué. Si ce texte désigne «clairement le gouvernement Hollande-Valls-Macron comme responsable», il se démarque et demande «un moratoire sur ce plan».

C'est pas bien méchant: juste une demande de «débat/consultation publique». C'est même le minimum au vu du programme de Piolle. L'engagement n° 8 promettait: «Chaque année, la municipalité débattra avec les habitants du budget municipal en proposant plusieurs scénarios, dans chaque secteur et avant le vote du budget par le conseil municipal».

C'est pas bien méchant, mais c'est déjà trop. Alain Dontaine, le co-secrétaire du comité de Grenoble du Parti de gauche, très proche des élus, envoie un SMS à un des deux co-secrétaires départementaux: «Tu me confirmes ta déclaration de guerre?» Une posture martiale annonçant la suite: pour cet écart à la ligne, les deux co-secrétaires départementaux seront « mis en demeure ». Le 16 juin, le conseiller municipal Alan Confesson avait envoyé un mail aux membres de la majorité pour les rassurer : « Je peux vous garantir que les velléités sécessionnistes ne sont le fait que d'une toute petite minorité... »

La commission nationale de résolution des conflits est saisie par Kristof Domenech, adjoint à Saint-Martin-d'Hères et proche de la première adjointe Élisa Martin. Une réunion de conciliation est organisée fin juin, sans succès. Le secrétariat départemental est « mis sous tutelle » par les instances nationales, les deux secrétaires départementaux étant interdits de communication. Deux membres du SEN (Secrétariat exécutif national) disposent de tout le pouvoir. Tout ça pour un communiqué demandant un débat : au Parti de gauche, comme à EELV, on ne rigole pas avec Grenoble. Les instances nationales des partis portent une attention permanente à ce qui se passe dans la seule grande ville dirigée par « l'autre gauche », et ne veulent pas que des voix discordantes internes s'expriment.

Je vous passe les multiples rebondissements, courriers, textes à rallonge pour arriver à une Assemblée générale extraordinaire le 2 septembre 2016, convoquée suite à cette mise sous tutelle. Où, pour caricaturer, deux camps s'affrontent. D'un côté, ceux qui pensent qu'il faut soutenir les élus coûte que coûte et que le communiqué des deux co-secrétaires est un acte de trahison.

De l'autre, ceux offusqués par la mise sous tutelle et la perte de pouvoir de l'Assemblée générale qui devrait être souveraine. Une cinquantaine de militants ont, dans les jours précédant l'assemblée générale, signé un « appel pour un débat serein et démocratique à l'AG du 2 septembre », lancé par Jean-Pierre Juy, un des cofondateurs du parti en Isère. Dans un texte distribué aux « camarades tuteurs avant l'AG », il s'emporte contre le « véritable déni de démocratie » que représente la mise sous tutelle. Au téléphone, il développe :

« La démocratie c'est un affrontement. Il n'y a pas d'autre solution que l'affrontement démocratique. Ce qui se passe à la mairie, cela correspond aux nouveaux modes de management : c'est le lissage des désaccords. Il nous faut un vrai débat au travers d'une confrontation indispensable entre les militants. »

Mais en dehors de ces questions de forme, ce sont des divergences de fond qui sont mises au grand jour. Pour les « frondeurs », il faut à tout prix revenir sur le « plan de sauvegarde » : « L'attitude actuelle de l'équipe municipale ne mène qu'à une impasse totale. Employés municipaux, syndicats, associations de quartier, parents d'élèves sont vent debout ! Les conseils municipaux sont envahis ou se tiennent sous la protection des forces de police ! Tout cela est évidemment étranger à notre programme, à nos principes, c'est le renoncement à tout ce pour quoi nous nous sommes constitués en parti. En pleine campagne présidentielle, c'est catastrophique. [...] Tout échec éventuel, toute trahison seront immédiatement exploités par les adversaires de la révolution citoyenne : "vous voyez bien qu'ils sont comme les autres !" »

Annie Foglio est aussi une des cofondatrices du PG en Isère. Pour elle, une des causes du problème, c'est qu'« au Parti de gauche, on n'a jamais eu de discussion avant sur les relations élus/militants. Les élus de Grenoble, on leur a trop fait confiance... ». Ancienne membre du PS, elle était adjointe à la mairie de Vif avant de démissionner en 2003 : « J'ai toujours estimé que quand on est élu, on n'est pas un électron libre, on doit discuter avec les militants et les représenter. J'ai aussi été secrétaire de section et me suis battue pour que tous les militants soient sur un pied d'égalité et aient leur mot à dire. » Elle est donc forcément déçue de la façon dont ça se passe à Grenoble : « On est un parti qui devait avoir une ligne qui fasse que les gens réadhèrent avec la politique, on ne devait pas faire de la politique à l'ancienne. » Et c'est vrai que la manière de faire de la politique du PG depuis qu'il est au pouvoir municipal ne semble pas convaincre les foules : alors qu'il comptait 380 militants en Isère au moment de l'accession de Piolle à la mairie, il y en avait moins de 200 trois ans plus tard.

C'est un des gros reproches faits par les « frondeurs ». Pendant l'AG, un homme dénonce : « On nous met systématiquement devant le fait accompli et on doit défendre les élus. » Le texte de l'« Appel pour un débat serein... » regrettait : « Dès l'élection de l'équipe municipale de Grenoble, les demandes de communication des militants avec les élus se sont heurtées à une résistance et une forte inertie de leur part. » Jean-Pierre Juy développe : « Il y a une différence entre les camarades qui peuvent faire des choses parce qu'ils sont élus et puis les autres. Les autres, ils sont bons pour les campagnes électorales et à Grenoble, on en sait quelque chose. Parce que s'il n'y avait pas eu cette force d'intervention de tous les camarades pour gagner la mairie, elle n'aurait jamais été gagnée. »

Face à la baisse des dotations de l'État et aux difficultés financières de la ville de Grenoble, y avait-il moyen de faire autrement que ce « Plan de sauvegarde » ? Les élus et leurs soutiens assurent que non, brandissant le risque de « mise sous tutelle » par la préfecture. Si le préfet a bien envoyé une lettre au maire le 24 mai pour alerter sur la situation financière de la ville, jamais il ne prononce le mot « tutelle ». Il propose juste « d'engager, si besoin est, un échange constructif concernant les finances de la collectivité ».

Jean-Pierre Juy s'énerve : « Le risque de mise sous tutelle c'est de l'enfumage, un faux problème. On nous impose une vision de la politique municipale comme étant un problème de gestion, de technique budgétaire. Les difficultés financières, c'est l'expression d'un rapport de forces politique. L'enjeu c'est une mobilisation populaire contre ceux qui étranglent les collectivités locales. »

Une des personnalités nationales qui est intervenue dans ce dossier est Danielle Simonnet, conseillère municipale à Paris et « coordinatrice du Parti de gauche ». C'est elle qui a signé, avec Éric Coquerel, le courrier actant la mise sous tutelle – pas celle de la ville par la préfecture, mais celle du Parti de gauche local par le bureau national. Elle est pourtant connue pour s'être démarquée des élus qui se sont soumis à l'austérité. Suite à un plan d'austérité annoncé par la mairie de Paris, elle s'insurgeait en octobre 2015 : « Mon profond désaccord avec la façon dont la majorité aborde ce débat budgétaire réside dans la fin de cette phrase de Bruno Julliard dans son interview accordée hier : "Cette baisse trop importante, trop rapide, des dotations de l'État n'est pas raisonnable. Mais c'est un choix du gouvernement : on doit faire avec." Le gouvernement conduit donc une politique déraisonnable. Là-dessus au moins, nous sommes d'accord. Mais nous serions contraints de faire avec ? Mais il est où l'esprit de la Commune de Paris que pourtant vous concédez, au moins une fois par an, à célébrer ? Je vous le dis, il est totalement déraisonnable de se soumettre à une politique déraisonnable ! »

Révolutionnaires en siégeant dans l'opposition, « austéritaires » et autoritaires en siégeant dans la majorité, tels sont nos élus verts & rouges.

hého ! vous empiétez sur la piste cyclable là
c'est pas très XXIè siècle
tap tap

CHAPITRE QUATRE

L'ÉCO-NOVLANGUE DE BOIS ET LE "*MAL VIVIR*"

C'est assez rare pour être souligné : « organiser une fête pour honorer la journée des Tuiles » faisait partie des engagements de Piolle et il a été respecté. La journée des Tuiles de Grenoble de 1788[9] est considérée comme une des étincelles de la Révolution française, même si sa réalité est bien plus complexe qu'une révolte de la plèbe contre la monarchie (voir *Le Postillon* n° 30).

Depuis 2015, la mairie célèbre en tout cas cet évènement un samedi de juin en bloquant l'immense cours Jean-Jaurès et en le remplissant de centaines de stands associatifs ou commerciaux.

9. Émeute survenue le 7 juin 1788 à Grenoble, au cours de laquelle les insurgés, opposés aux édits royaux de réforme des parlements, ont affronté la troupe notamment à coups de tuiles lancées depuis les toits.

Cette fête a fait couler beaucoup d'encre, notamment parce que son organisation a été confiée les deux premières années à des soutiens de Piolle (l'association Fusées) sans appel d'offres, ce qui a entraîné plusieurs plaintes pour favoritisme qui n'ont pour l'instant pas abouti. Et puis la fête des Tuiles fait également jaser le panier de crabes de la culture grenobloise à cause de son important budget (plus de 500 000 euros), qui rentre en concurrence avec plein de petits festivals ou structures en danger, d'autant plus dans une période de « plan de sauvegarde ». J'avais fait un long papier, à l'occasion de sa première édition, sur la politique culturelle en général de la nouvelle mairie, plus guidée par l'envie de briller que par les enjeux de l'éducation populaire.
Depuis, au *Postillon*, on passe pour des opposants à cette journée des Tuiles, alors que franchement on a des choses beaucoup plus importantes à critiquer que cette gentille kermesse. Le problème, c'est peut-être justement ça : les élus grenoblois prétendent organiser un évènement célébrant l'idéal révolutionnaire et entretenant la légende de Grenoble comme ville pionnière alors qu'il s'agit juste d'une gentille kermesse. Des parties de badminton, des « peintures collectives », des concerts et de la « gastronomie partagée », ça n'a rien de révolutionnaire même si c'est sympathique.

Ça se répète souvent comme problème dans les réalisations de Piolle : même quand il fait des choses bien, tout le verbiage prétentieux célébrant ses réalisations ne peut que susciter la méfiance.

Faut dire aussi qu'au niveau verbiage prétentieux, la bande à Piolle fait effectivement figure de pionnière. Vous l'avez peut-être compris : pendant les premières années du mandat, *Le Postillon* a eu accès à quantité de mails internes à la mairie. On s'est contenté de publier les plus savoureux, comme ceux concernant le « plan de sauvegarde ».

Mon préféré a été envoyé le 8 juin 2016 par Laurence Comparat et Claus Habfast, les présidents du groupe des élus. Son titre donne le ton : « Soyons bienveillants envers nous-mêmes, nous le méritons ! »

Le reste est à l'avenant : « Notre majorité et notre Rassemblement vont rentrer dans ce qui promet d'être la plus forte zone de turbulences depuis le début de notre mandat : avec la refonte des tarifs du stationnement, la Métropole apaisée et ses autoroutes à vélo, et surtout le plan de sauvegarde et de refondation des services publics, nous mettons en œuvre dans les semaines qui viennent des projets légitimes et nécessaires, mais dont nous savons qu'ils vont nous exposer à la critique de manière particulièrement virulente. Face à cela, il nous faut non seulement porter nos projets, défendre nos valeurs et nos choix ; mais aussi penser à nous, à nous en tant qu'individus et à nous en tant qu'équipe [...]. Face aux attaques qui nous attendent ou qui ont déjà commencé, il est important pour nous de nous rappeler ce qui nous anime, et surtout d'être bienveillants envers nous-mêmes : plus que jamais nous avons besoin de veiller les uns sur les autres, aux délicats équilibres qui font la richesse de notre Rassemblement, à nos personnes et à notre collectif. Nous voulons redire ici à quel point nous sommes fiers de notre aventure, de nous, de ce que nous avons déjà fait, de ce qui nous reste à faire. Le dire ce n'est pas gommer les difficultés, c'est simplement se rappeler, nous rappeler ensemble que nous sommes de belles personnes, animées par le sens du bien commun et de l'intérêt général, en responsabilité dans une période particulièrement complexe, et surtout que nous sommes les bonnes personnes au bon endroit au bon moment ! C'est notre légitimité, c'est notre force, ne l'oublions pas ! »

Amen.

Que voulez-vous opposer à des personnes persuadées d'être « les bonnes personnes au bon endroit au bon moment » ? Les contester fera forcément de vous une « mauvaise personne ».

Cette auto-qualification dégoulinante de contentement de soi représente assez bien la langue creuse utilisée par Piolle et son équipe pendant leur mandat. Une langue qui a beaucoup énervé Pierre Lazare, un de nos contributeurs occasionnels. Presque à chacune de nos entrevues, il s'excitait : « non mais t'as vu la nouvelle vidéo de Piolle sur Facebook ? J'en peux plus de ses discours, de ses enchaînements de mots qui ne veulent plus rien dire ». Alors pour le numéro 36, il a proposé au *Postillon* la publication d'un générateur de discours. Je vous le mets là [cf. page suivante], son utilisation est toute simple : vous alignez n'importe quels mots les uns à la suite des autres et vous êtes presque sûr d'obtenir un passage d'un discours de Piolle ou d'un de ses adjoints.

Dans cette novlangue, les piollistes ont au moins un point commun avec les macronistes et tous ceux qui n'ont que le mot « progrès » à la bouche : croire qu'il y a un sens de l'Histoire et qu'on avancerait forcément vers quelque chose de mieux. Alors pour vanter leurs réalisations, tous disent souvent que c'est « du XXIe siècle », et puis pour critiquer leurs adversaires, ils répètent souvent que leurs arguments sont « du XXe siècle ». On ne sait jamais si le XXIe siècle désigne celui de Trump, d'Angela Merkel, ou de Kylian Mbappé, ni si le XXe siècle désigne celui d'Hitler, de Michel Platini ou de Rosa Luxembourg. Mais les élus écolos usent et abusent de cet argument qui ne veut rien dire. Au département, les élus verts se sont demandé : « Le Conseil général est-il vraiment rentré dans le XXIe siècle ? » (communiqué, 17/10/2014). Dans *Le Daubé* (29/01/2015), Yann Mongaburu, président du Syndicat des transports en commun, prétendait que la nouvelle application iPhone de ce syndicat allait « nous faire sortir du XXe siècle ». Un peu plus tard, le même a déclaré

CHANTIER	ÉTHIQUE	BATUCADA	FLEURS	DÉSENCLAVER	INITIATIVE	ACTEURS
APAISÉ	TRANSPARENT	DÉBAT	SOUTENABLE	VILLE	BIENVEILLANT	SMART
PARTICIPATIF	FÊTE	ENSEMBLE	CLIMAT	EN CARTON	POUR	AUSTÉRITÉ
HABITAT	SUPPORTABLE	FRESQUE	PIERRE-RABHI GRETA THURNBERG	STARTUP	CAPOEIRA	CO CONSTRUCTION
JARDINIÈRE	ACCRO	RÉVOLUTION	POTAGER	ÉVÉNEMENT	LUTTER	AMBIANCE
ENFANTS	TOURNESOLS	YOGA	DÉMO CRATIQUE	ARBRE	TRADITION	CADRE DE VIE
ÉQUITABLE	CONTRE	ÉMANCIPER	INNOVER	DISCRIMI- NATIONS	ACCÉLÉRER	NATURE
VÉLO	EXPRESSION	DÉFILÉ	RESPONSABLE	JOIE	TAMBOURS	SPORT
PLATEFORME	ÉCO-	DEMAIN (LE FILM)	FESTIVAL	CONTRAINTE	POUR TOUS	ÉCONOMIE
PARADE	TRANQUILLE	DÉFI	VIVABLE	CORTÈGE	STREETART	PENSÉE
DIVERSITÉS	TUTU	RESPECT	BOTTES DE PAILLE	LOGICIEL	SOCIAL	VICTIMES
CHARTE	ANIMAUX	VIDE GRENIER	SOURIRE	ANNIVERSAIRE	EN BOIS	QUARTIERS
TECHNO LOGIQUE	BIO	FANFARE	DE DEMAIN	CHORALE	AMATEUR	BUDGET
URGENCE	TRANSITION	EFFICACE	LA PUB	DURABLE	ANTICIPER	À 360°
BÉNÉVOLE	CITOYEN	EN PAPIER MÂCHÉ	SOBRIÉTÉ	CONCERTATION	BASHING	CHANT
PARTAGE	ESPACE PUBLIC	LABORATOIRE	MUTATION	URBAIN	VALEURS	DIFFÉRENCES
LIBÉRER	POST	DIALOGUE	VALORISER	ASSISES	AUTOROUTE À...	BIEN-ÊTRE
MOUVEMENT	SOLIDAIRE	PERCUS	FINANCEMENT	CONSCIENT	VOITURE	XXIE SIÈCLE
AVENIR	NUMÉRIQUE	JOGGING	CONTEXTE	TRAM	PROJET	MOBILITÉ
COLLECTIF	GESTION	POPULAIRE	ATELIER	COMITÉ DE PILOTAGE	AMBITION	ROMPRE AVEC...
LABEL	BOOM DE...	PUBLICS	VIEILLES HABITUDES	APPLI	FABRIQUE	NOUVEAU
ANIMATION	CULTURES	CHALLENGE	COMPOST	MÉDIATION	MARCHE	MINORITÉS
SOLIDARITÉ	MIGRANTS	FÉMINISME	VÉLORUTION	HUMANISTE	DÉSIR	CONVIVIAL

que les travaux réalisés sur les rames de tramway allaient permettre d'avoir une « qualité d'usage [...] que tout usager est en droit de trouver dans un réseau de transport du XXIe siècle » (*Le Daubé*, 18/04/2015). À propos du discours d'investiture du nouveau président du Conseil départemental de droite, les Verts ont tout de suite réagi : « Il s'agit d'un véritable retour au XXe siècle. » (*Le Daubé*, 3/04/2015) Quinze jours plus tard, l'ADES, membre de la majorité municipale, s'indigne (15/05/2015) : « Décidément la droite iséroise n'arrive pas à passer du XXe au XXIe siècle. »

Cette manie de tout vingtetunièmesiécliser n'a visiblement pas de limites : pour défendre les travaux réalisés en 2019 sur la place Grenette, une des grandes places du centre-ville de Grenoble, le vice-président de la Métropole à la voirie, Ludovic Bustos (qui n'est pas vert mais tout comme, c'est-à-dire socialiste), a rabâché que l'objectif était d'en faire « une place du XXIe siècle ». Avec des écrans partout, des caméras, des robots ? Même pas : juste des dalles, des terrasses de bars et des arbres. Des arbres du XXIe siècle au moins ?

Parmi ces termes récurrents, le « *buen vivir* » ne figure pas seulement dans les discours des élus, il a également fait l'objet d'un évènement international : le « forum international pour le bien-vivre » qui s'est tenu à Grenoble du 6 au 8 juin 2018.

Le bien-vivre ou « *buen vivir* », je suis pour – d'ailleurs qui peut être contre ? La volonté de ne plus mesurer la « réussite » d'un pays ou d'une région par la seule croissance du PIB, mais par d'autres indicateurs plus humains est évidemment séduisante. Mais ce doux concept brandi en étendard n'empêche pas nombre de salariés municipaux de véritablement « mal vivre » leurs conditions de travail.

En avril 2018, dans *Le Postillon* n° 45, on avait tenté un tour d'horizon du mal-être qui règne à la mairie de Grenoble, en proposant à plein de salariés de témoigner sous pseudo.

J'avais évoqué les animateurs du périscolaire, aux conditions de travail misérables. Morcellement des horaires, très petits salaires (moins de 600 euros en moyenne), manque de considération : « On fait plus du gardiennage que de l'animation », dénonçaient Sacha, Alexandra et Zoé. « Il n'y a pas longtemps, il y avait treize postes vacants dans les postes à responsabilité que sont les coordonnateurs maternelles ou les animateurs référents, expliquait Bruno. Tout le monde se barre parce que les conditions de travail sont trop dures. La bienveillance est surtout dans la communication, mais sinon il y a plutôt du mépris et un gros manque de reconnaissance. »

J'étais également allé recueillir la parole d'ATSEM, ces agentes territoriales spécialisées d'écoles maternelles. « Il y a trois possibilités de statut pour les ATSEM, racontait Lydie. On peut être embauchées avec des contrats-horaires, des contrats-mensuels ou être titularisées. Or la plupart des ATSEM sont embauchées en contrat-horaire. Certaines le sont depuis plus de neuf ans ! Mais ils font tout pour les garder en contrat-horaire, parce que ça leur évite de payer une prime, et puis aussi ça évite de les payer pendant les vacances scolaires. » Ces conditions de travail sont-elles dues au cadre réglementaire national, sur lequel des élus locaux n'ont pas prise ? « C'est en partie vrai, poursuivait Lydie. Mais le cadre national permet aussi d'embaucher des gens dans des conditions plus stables et de respecter un minimum la vie personnelle et la rémunération des agents, notamment celles qui bossent pour la mairie depuis bientôt dix ans. »

En cuisine, je n'avais pas rencontré de salariés plus heureux de leurs conditions de travail. « Au printemps dernier on a fait quatre jours de grève, notamment pour dénoncer la précarisation croissante du personnel. » Marc, un des salariés de la cuisine centrale, qui confectionne et livre 11 500 repas quotidiens pour les écoles, les crèches et les personnes âgées, était toujours en colère. Leurs locaux, faits pour confectionner 8000 repas, sont bien trop petits, mais ce n'est pas ça qui l'énervait le plus, Marc. « On est environ cinquante à bosser dans la cuisine centrale. Non seulement il n'y a pas eu d'augmentation d'effectifs alors que le travail a augmenté, mais en plus il y a au moins quinze précaires, qui ont des contrats journaliers ou mensuels, dont certains depuis plusieurs années. Certains ont pendant quelques temps un contrat mensuel, mais peuvent repasser en contrat-horaire du jour au lendemain. Il n'y a aucune certitude d'évoluer vers quelque chose de plus sécurisant. Alors on essaye de se battre pour des titularisations. »

La situation a-t-elle évolué depuis l'arrivée de Piolle à la mairie ? « Ce n'était pas la panacée sous Destot [l'ex-maire socialiste], il y avait le même genre de logique, mais la nouvelle équipe n'a fait qu'exacerber les conflits, toujours selon Marc. Il y a une bienveillance de façade, mais le management mis en place crée des tensions entre les agents et les maîtrises, et tente de piéger les gens. Je n'ai pas l'impression que les nouveaux élus défendent le service public, ils sont avant tout dans la communication et la recherche d'économies. »

Claude est, lui, un des chauffeurs de la cuisine, amenant les repas aux usagers. « Je suis connu en tant que gréviste, et la direction m'avait dans le collimateur. Alors ils m'ont reproché une faute imaginaire et ont assuré que j'étais inapte à la conduite. Ils sont parvenus à m'écarter de mon poste avec la complicité de la médecine du travail alors que j'ai passé des examens avec d'autres médecins : tous m'ont reconnu apte à la conduite. Aujourd'hui je suis obligé d'être en arrêt maladie car ils refusent de me réintégrer. En fait, ils ont dissous l'ancienne équipe, trop revendicative. Sur les six chauffeurs, on est trois à être en arrêt maladie, et un autre est parti à la retraite. À notre place, ils ont mis des précaires. »

Au service finances, je n'avais pas trouvé non plus de trace de «*buen vivir*». «On est à peu près quatre-vingts à bosser dans le service finances, mais il y a environ 30% d'absentéisme.» Ève était découragée par l'évolution de son travail. Là aussi «cette évolution avait commencé sous Destot, mais ces dernières années ça a empiré. Tout est de plus en plus automatisé. On devient de simples opérateurs de saisie, nos rôles sont interchangeables, on peut faire n'importe quoi. J'ai l'impression de bosser dans une usine. On ne voit plus les interlocuteurs, on ne fait que répondre à la machine.»

Et en plus de la robotisation des tâches, les agents du service finances subissent une surcharge de travail: «Ils cherchent à faire des économies sur le personnel, donc on se retrouve souvent à faire le boulot de deux ou trois personnes. Dans certains dossiers, il y a six mois de retard sur le paiement des factures parce qu'on n'est pas assez. Les prestataires qui ne sont pas payés pendant six mois, ça les rend dingues, ils nous mettent la pression, et ça alourdit encore plus le travail.» Les élus ont-ils vraiment un pouvoir sur cette situation? «Ils ne peuvent pas ignorer les situations de souffrance au travail, il y en a tellement... Ils savent que des salariés sont très abîmés par leur travail. Donc s'ils ne changent rien, c'est que c'est une stratégie. Ils veulent que les personnes n'allant pas bien partent.»

Avec le plan d'austérité, il y a eu une dizaine d'emplois supprimés dans le service de la santé scolaire. Qu'est-ce que ça a changé? Une ancienne du service racontait: «Ce sont surtout des postes d'assistantes sociales qui ont été supprimés. Leur job, c'était de venir en aide aux familles pour l'accès aux soins, favoriser la parentalité, l'égalité des chances au niveau des démarches scolaires, car un des enjeux forts qu'on doit affronter c'est de parvenir à toucher les familles vraiment en difficulté. Aujourd'hui il reste cinq assistantes sociales, qui font surtout des actions "collectives", mais plus trop de suivi individuel : cela ne rentre plus dans leurs missions. Pour les familles en difficulté, c'est un vrai problème, ce manque de suivi individuel. Avant, les médecins voyaient les enfants dans les écoles, maintenant les consultations se font dans les centres sociaux. Pour les familles où tout va bien, ce n'est pas un problème, mais on peut craindre que ce soit un frein pour certaines familles et sans doute pour les plus en difficulté. Va-t-on laisser sur le côté une fois de plus les familles les plus démunies ? »

Avant le plan d'austérité, le service de santé scolaire grenoblois qui date de 1924 pouvait être considéré comme l'un des meilleurs de France et comme un exemple à suivre. « Les élus n'ont pas pris le temps de connaître notre service et ses spécificités. Ils ont imposé ces réductions de poste de façon très autoritaire sans vraiment connaître le service, en pensant seulement économies à court terme et en oubliant que la prévention est un investissement à long terme. Comme plein de gens, je ne comprends pas que ces élus-là aient pu s'attaquer au social et aux bibliothèques. »

« Ce sont des gens qui ne supportent pas d'être contredits et mis en défaut. » Marie est une ancienne cadre de la Ville de Grenoble. Et elle était très remontée contre les nouveaux élus : « La fin du mandat de Destot a été dure. On a vécu l'arrivée de Piolle comme une excellente nouvelle, un immense soulagement. Mais ça a été tout de suite compliqué. La nouvelle équipe est arrivée avec le stéréotype en tête "les fonctionnaires sont rigides et réfractaires au changement". Pour eux, vu que l'administration avait servi la "cause" Destot, c'était forcément une administration tournée contre eux. Alors ils ont tout de suite été dans une grande paranoïa. Ce n'était pas possible de coopérer tellement ils étaient persuadés qu'on était contre eux. »

Des mécontents et fâchés contre Piolle, il y en a beaucoup chez les sympathisants socialistes ou de droite, qui ne manquent pas une occasion de pester contre le « khmer vert ». Mais Marie ne faisait pas partie de ceux-là : elle aurait vraiment bien aimé que ça marche, « l'autre gauche ». Mais, caramba, encore raté ! « Mon poste a été supprimé pendant le plan d'austérité. J'ai toujours bien fait mon boulot, on n'avait rien à me reprocher, si ce n'est de ne pas plaire aux grands chefs. Les nouveaux élus ont eu dès le départ un gros déficit de confiance envers les techniciens. Quand un cadre compétent répondait à une demande d'un élu : "non, ce n'est pas possible techniquement", les élus croyaient que c'était un blocage politique. Alors ils ont poussé des gens à partir, en utilisant des méthodes très limite. Ils peuvent faire des dégâts humains parce qu'ils savent que le tribunal administratif ne va pas réagir aux recours avant longtemps, sûrement à la prochaine mandature. Du point de vue de la Ville c'est un désastre : j'ai vu plein de gens compétents se faire casser et être poussés à partir. Ce sont des gens butés, bornés, qui ne se préoccupent pas des conséquences humaines. »

Pour conclure ce petit tour d'horizon, j'étais allé toquer à la porte des syndicalistes, aux côtés desquels les élus verts & rouges défilent lors des manifs sur des sujets nationaux. « "Le plan de sauvegarde" est arrivé après une série de réorganisations faites par la municipalité Destot, qui avait déjà installé un climat de souffrance à la mairie, sans régler aucun problème, analysait Denis, syndicaliste à Sud. À l'arrivée de Piolle, ils ont pondu un règlement intérieur remettant en cause le principe de remplacement des agents dans les écoles. Quand un agent d'entretien ou du personnel de cantine est malade, il n'est remplacé qu'au bout de cinq jours. Donc ce sont les autres qui font le travail nécessaire, et qui s'épuisent. Alors quand la personne revient, une autre tombe malade : c'est un cercle vicieux. Il y a beaucoup de personnel usé, de troubles musculo-squelettiques. Une cinquantaine d'agents sont depuis longtemps en arrêt maladie, et on les pousse à partir en retraite invalidité. »

La direction parlait beaucoup de « dialogue social », mais ne l'appliquait pas vraiment, en restant butée sur ses positions : « Au niveau syndical, on a fait des alertes, mais ça ne change rien, ils répondent juste que "si les agents sont malades, c'est parce qu'ils font mal les choses, qu'ils ont des mauvaises positions". À croire la direction, c'est juste de la faute des agents s'il y a tant de maladies. Quand des gens tombent malades, ils les envoient chez le médecin contrôleur, un libéral. Lui a pour consigne de dire "vous êtes en état de reprendre le travail" de manière systématique. Alors ça ne fait qu'empirer la situation. »

Cette situation était-elle inévitable à cause de la situation financière ? « En 2017, ils ont fait trois millions d'économie de plus que prévu sur le personnel. Ils rognent tout ce qu'ils peuvent, et ont même enlevé des primes d'astreinte. Il y a une demande permanente des chefs de service d'augmenter la charge de travail, que les agents n'arrivent pas à remettre en cause collectivement. Alors la réaction, c'est surtout des départs de gens qui disent "on ne peut plus faire nos missions de service public", et qui vont voir ailleurs. »

Bien entendu, la qualité des conditions de travail à la mairie ne dépend pas seulement des actes des élus municipaux, mais aussi beaucoup de décisions nationales sur lesquelles la bande à Piolle n'a aucun pouvoir. Mais s'ils se défaussent à l'occasion sur l'échelon national, les élus ne se sont jamais placés aux côtés des animateurs périscolaires précarisés, des ATSEM ou de tous les salariés mécontents pour tenter de comprendre et lutter contre leur « *mal vivir* ». Comme les autres contestataires, les salariés en colère ont toujours été traités avec mépris et condescendance, en ignorant le mal-être. Le gros accent mis en parallèle sur la quête du « *buen vivir* » ne peut que révéler la déconnexion de cette éco-novlangue de bois d'avec les problèmes existants.

Sur l'accueil des migrants et les problématiques de mal-logement, il y a le même gouffre entre les déclarations d'intention et les actes.
Début janvier 2018, Piolle est allé jusqu'au col de Montgenèvre, au-dessus de Briançon, lieu de passage des migrants entre la France et l'Italie, pour lancer un appel à Emmanuel Macron en lui demandant de « ne pas avoir peur » des migrants. Au même moment, les conditions d'accueil mises en place par la municipalité de Piolle étaient bien en-deçà des attentes des personnes concernées et des militants qui les soutenaient. En 2017 le juge administratif de Grenoble avait même débouté une demande d'expulsion par la mairie d'un camp dénommé Valmy (où vivaient 250 migrants) en argumentant que l'expulsion n'apportait pas de solution à ces personnes. Une des personnes soutenant ce camp analysait : « La mairie a vu ce camp comme une provocation. Mais qu'est-ce qu'ils proposent, eux, pour aider ces gens-là ? » En juin 2020, la mairie a encore refusé qu'un camp de migrants jeunes majeurs s'installe devant le musée de Grenoble, ce qui a entraîné une manifestation de plusieurs heures devant le local de campagne d'Éric Piolle. Et pour cause : la préfecture elle-même avait autorisé ce campement. En trois ans, la municipalité grenobloise a réussi l'exploit de se faire doubler sur sa gauche par le tribunal administratif et par la préfecture !

Les engagements de campagne des écolo-gauchistes promettaient notamment de « mettre en place un plan de résorption » des logements vides, ou de « recourir à des baux d'occupation précaires pour des bâtiments inoccupés, notamment en contractualisant avec les demandeurs, ou encore pour des activités de courte durée ».

Avant leur arrivée au pouvoir, la municipalité Destot expulsait directement les squatteurs occupant des bâtiments municipaux. Sous Piolle, un squat rue Marbeuf a été conventionné et plusieurs autres (le 6, rue Jay ; le 38, rue d'Alembert ;

le 106, rue des Alliés) sont davantage tolérés par la municipalité, qui a pour l'instant « juste » demandé l'expulsion du 106, rue des Alliés. Pour chacun de ces lieux, la mairie parle néanmoins de projets de logements sociaux à venir (ce qui a toujours été le meilleur prétexte pour expulser des squats). Hormis cette indulgence, et deux logements vacants mis à la disposition de quelques SDF, dur de trouver des « innovations » ou actes politiques forts pour aider les mal-logés. Les militants du DAL (Droit au logement) se retrouvent souvent face à un mur quand ils dénoncent des remises à la rue ou des expulsions. « On a l'impression de brasser du vent depuis trois ans avec la nouvelle municipalité. Elle se targue d'avoir des bonnes relations avec le DAL, alors qu'elle ne nous répond même pas au téléphone », précisait une de ses militantes en 2017 (*Le Postillon* n° 41). Sur proposition des deux élus dissidents d' « Ensemble à gauche » et après des années de mobilisation de la part du DAL, un arrêté anti-remise à la rue a été voté le 13 mai 2019. Permettant d'éviter que les personnes expulsées se retrouvent sans logement, cet arrêté a néanmoins été suspendu quelques semaines plus tard par le préfet. Un an plus tard, le DAL dresse dans une lettre ouverte au nouveau conseiller municipal délégué au logement, le communiste Nicolas Beron-Perez, un constat amer du mal-logement sur la ville.

Extraits : « Les pressions exercées par les bailleurs sociaux et privés sur les locataires demeurent extrêmement fortes. Nous recevons lors de nos permanences de plus en plus de personnes menacées d'expulsion par leur bailleur, notamment par Grenoble Habitat et Actis, organismes HLM administrés principalement par la mairie de Grenoble. Nous en venons à penser que faute de concours de la force publique, les bailleurs sociaux utilisent la stratégie de la terreur pour faire déguerpir leurs locataires devenus "indésirables", car trop pauvres et dans l'incapacité de régler leurs loyers. Cela ne fait que commencer au vu de l'aggravation de la crise sociale en cours. [...] À Grenoble comme dans toute les grandes villes de France, la place laissée aux promoteurs de l'immobilier est belle et le secteur du bâtiment s'y porte bien. Mais le nombre de demandeurs de logements sociaux augmente chaque année de plus en plus tout comme le nombre de Grenoblois.es en demande de mutations et les délais s'allongent. Pour cause, Grenoble n'ayant toujours pas atteint le nombre légal de logement sociaux exigé par la loi SRU [Solidarité et Renouvellement Urbain], et la demande de logements HLM à très bas loyer sans aucune comparaison avec l'offre actuelle. Pourtant, les bailleurs HLM sont autorisés à vendre au privé, par exemple à Saint-Bruno (Grenoble Habitat), ou à l'Abbaye (Actis) et à la Villeneuve les démolitions de logements de bonne qualité et peu chers sont plus que jamais d'actualité. Cette politique du laisser-faire au mieux, de la complicité au pire, provoque le départ forcé des classes populaires de la ville-centre ainsi que son embourgeoisement progressif. »

Après six années au pouvoir des verts & rouges, il y a dans la ville toujours autant de logements vides et toujours autant de personnes à la rue. Sur ce sujet aussi, les ressorts municipaux sont faibles par rapport aux législations et problématiques sociales nationales. Mais la faiblesse des résultats concrets obtenus contraste avec les prétentions répétées par Piolle d'être un « délinquant solidaire » à la tête d'une « terre d'accueil », « ville monde-hospitalière ». Les élus verts & rouges abusent de cette éco-novlangue de bois pour bâtir une vitrine alléchante cachant des réalités peu reluisantes : ça ne vous rappelle pas un certain personnage de Molière ?

AVEC EELV ON NE FONCE PLUS DANS LE MUR !

CHAPITRE CINQ

LA “CULTURE DU POUVOIR” ET LA CO-CONSTRUCTION DE L’OPACITÉ

Ça faisait un an qu’ils étaient au pouvoir quand j’ai reçu un mail d’Enzo Lesourt : « Que dirais-tu de papoter autour d’un café des échanges entre la majorité municipale et *Le Postillon* ? »

Avant 2014, je croisais assez souvent Enzo Lesourt. Le local du journal était à l’époque à quelques dizaines de mètres du local d’EELV et je le voyais s’activer là-bas, avec deux autres « jeunes », Xavier Robichon et Yann Mongaburu. Pendant les années de vaches maigres municipales des écolos, quand ils étaient dans l’opposition à Destot pour le mandat de 2008 à 2014, ces trois-là, à peine trentenaires, tenaient la baraque écolo grenobloise, préparant les jours meilleurs.

On n’était pas d’accord, mais comme on était tous « opposés » à Destot, comme on était tous dans le camp des *loosers*, forcément ça crée des liens. On n'a jamais été potes, mais ça nous est arrivé de s'échanger des infos. Et puis il y avait les connaissances en commun, les mêmes bars fréquentés, Enzo Lesourt qui venait jouer aux échecs dans mon rade. On était de la même génération, Lesourt un peu plus jeune que moi, les deux autres un peu plus vieux, et du même monde : j'ai fait Sciences Po Grenoble comme Mongaburu et Lesourt.

Il y avait cette ligne de fracture, à peu près la même que dans Chiche !, entre jeunes « libertaires » et jeunes « écolos de gouvernement ». Entre ceux qui avaient pour unique ambition d'être des empêcheurs de gouverner en rond et ceux, beaucoup plus « responsables », qui visaient la conquête du pouvoir. Mais tant que personne n'est au pouvoir, ce contre quoi on s'oppose ensemble prend plus de place que ce à quoi on croit séparément.

Et puis 2014 est arrivé et ces trois personnages centraux de la campagne de Piolle ont obtenu des postes-clefs du pouvoir. À 30 ans, Mongaburu a été élu conseiller municipal délégué à l'intercommunalité, vice-président de la Métropole chargé des transports, avant de présider le tout nouveau SMMAG (syndicat des mobilités de l'aire urbaine grenobloise), en bref d'être le boss des transports de toute la cuvette.

À 27 ans, Enzo Lesourt, que Piolle avait désigné comme son « deuxième cerveau » lors de son dernier meeting de campagne, est devenu « conseiller spécial » du maire.

À 33 ans, Xavier Robichon, directeur de la campagne de Piolle, est devenu attaché du groupe des 42 élus du conseil municipal de Grenoble, un des principaux artisans de la politique piollienne.

Alors on s'est moins vus. Forcément, ils avaient moins de temps pour jouer aux échecs au bar. De toute façon, un des tauliers de mon rade les avait virés quand ils avaient amené Piolle pour y faire une conférence de presse.

Et puis moi aussi je me suis éloigné. Car j'ai un autre

défaut : je déteste fréquenter des gens de pouvoir. Pourtant, j'ai la prétention de ne pas être sectaire, plutôt curieux de la nature humaine même, et de pouvoir échanger avec à peu près n'importe qui, des manards aux ingénieurs, des boomers aux millenials, des droguées aux fans de yoga, des motards aux traileuses, des militantes de Lutte ouvrière aux fachos. Je critique souvent, c'est sûr, mais ça ne m'empêche pas d'avoir avant tout la curiosité de l'échange – c'est une des raisons de mon amour de l'autostop.

Mais cet « esprit d'ouverture », comme pérore France Culture, a ses limites : les gens de pouvoir. C'est pas du sectarisme, hein, juste la sensation désagréable de me faire toujours entuber en les fréquentant. Alors j'évite autant que possible, même si c'est pas toujours facile dans une « petite ville » comme Grenoble. Les journalistes parisiens ont bien de la chance, au moins sur un point : ils peuvent écrire toutes les méchancetés qu'ils veulent sur une personnalité sans avoir presque aucune chance de la croiser. À Grenoble, on est jamais à l'abri de tomber sur le maire ou une de ses adjointes au marché, d'avoir un ami qui connaît une élue « et si je te jure elle est sympa », de se retrouver à une table d'écart à la terrasse d'un bistrot. La « distanciation sociale » avec les gouvernants locaux, c'est un vrai combat du quotidien.

Je me suis même déjà retrouvé dans une fête privée avec Piolle et Lecœur, toute la soirée à essayer de garder les vingt mètres de distance de sécurité minimum, et puis Lecœur qui finit par venir me taper la causette et me brosser dans le sens du poil « il est vraiment super votre journal, nananinaninin, c'est sûr j'ai pas la même vision, moi j'ai choisi d'agir, de mettre les mains dans le cambouis, nananinaninnin, vous vous restez dans la critique c'est votre choix, mais vous le faites vraiment bien nananinaninnin. » Mais qu'est-ce que vous voulez que je réponde, j'ai aucune vanne qui me vient, alors je suis gêné, bafouille quelques protestations et m'échappe vite sur le *dance floor*. Quelques mois plus tard, j'apprends qu'il quitte son poste de directeur de la communication, notamment à cause de l'interview qu'il m'avait accordée qui lui aurait « mis à dos » le cabinet du maire, comme le raconte cet article de *Rue 89* (13/11/2017) : « Comme ce fut le cas, lorsqu'il laissa fuiter l'annonce de la suppression des panneaux publicitaires pendant une conférence à Toulouse ou en prenant l'initiative de recevoir à la mairie les rédacteurs du *Postillon*, le journal alternatif poil-à-gratter de Grenoble, qui lui réserva un article caustique. »

Bref, suite à l'élection, quand Lesourt, Mongaburu et Robichon ont basculé dans le camp des *winners*, on s'est plus vus, ou juste croisés et salués de loin. Mais aucune discussion jusqu'à ce mail d'Enzo Lesourt, en juin 2015, me proposant de boire un café.
S'il me contactait, c'est parce que je venais de demander des interviews à plusieurs adjoints ou conseillers municipaux, sans avoir aucune réponse. Tous avaient en fait demandé la permission au « conseiller spécial » et lui venait tâter le terrain. Car les élus piollistes ont toujours eu une communication très contrôlée. L'année d'après, on a publié un échange de mails du groupe d'élus plutôt révélateur.

(Paru dans *Le Postillon* n° 37, octobre 2016)

Les élus doivent-ils demander l'autorisation d'aller pisser au cabinet ?

Le 1er septembre 2016 à 11 h 33, Stéphane Bieganski, un des attachés du groupe de la majorité municipale, envoie un mail aux élus : « Une journaliste de *L'Express* va peut-être essayer de prendre rendez-vous avec vous dans les jours à venir. Si tel était le cas, merci de ne pas caler de date avec elle et de nous faire remonter ça, histoire qu'on coordonne ce qu'on pourrait lui dire.» À 12h55, l'adjoint aux finances Hakim Sabri s'insurge contre cette consigne: «En ce qui me concerne, j'ai fixé le RDV le mercredi 7 à 11h00. Je pensais aborder ce sujet au séminaire, cela n'a pas été le cas... Mais j'informe que pour la fin du mandat, même si j'ai bien conscience qu'il nous faut maîtriser notre communication... je n'accepterai plus cette façon de nous "infantiliser" en permanence sur nos expressions. Si nous avions été très bons en communication, nous ne serions pas dans la situation actuelle qui ne me semble pas à notre avantage... J'ai fait un mandat dans l'opposition, je suis maintenant dans une majorité et je conçois que la situation soit différente mais je ne dois pas demander une permission à chaque fois que je dois m'exprimer. Sur la situation financière [...], soit je sais de quoi je parle... soit il faut me changer de délégation voire même me virer!» À 13h22, l'adjoint à la démocratie locale Pascal Clouaire appuie: «*Idem* pour moi, le RDV est fixé.» Immédiatement, la co-présidente du groupe Laurence Comparat recadre: «Il ne s'agit bien évidemment pas d'empêcher qui que ce soit de s'exprimer, mais de s'assurer que nos différentes expressions sont cohérentes! Et également que personne ne soit surpris par un journaliste qui vous demande "et que pensez vous de ce que dit votre collègue XXXX?" alors que vous ne savez pas ce que XXXX a bien pu dire;-), bref de bien conserver notre démarche collective. Merci donc de bien vous mettre en rapport avec Stéphane avant vos interviews de façon à bien préparer tout cela, et que notre majorité, bien que s'exprimant de façon plurielle, continue à porter sa parole singulière!» Ah oui, on a oublié de vous préciser: Laurence Comparat est adjointe à «l'accès à l'information». Une information très contrôlée, où les élus doivent «demander la permission» avant de recevoir un journaliste.

Ceci nous a été confirmé quelques jours plus tard. Début septembre, un des journalistes du *Postillon* réalisant un article autour de la fermeture de la bibliothèque Alliance a essayé de contacter plusieurs fois l'élu de secteur[10] René de Ceglié. Après un silence d'une semaine, le directeur de publication a reçu le mail suivant de la part d'Enzo Lesourt, « conseiller spécial » au cabinet du maire : « René de Ceglié m'a informé du fait que *Le Postillon* souhaite lui poser quelques questions, au sujet de l'actualité municipale. Peux-tu lui faire parvenir les questions par écrit à rene.deceglie@grenoble.fr ? Ainsi qu'à moi en copie (enzo.lesourt@grenoble.fr), pour suivi ? » Et pour aller pisser ? Faut aussi avoir un suivi au cabinet ?

Si Lesourt avait voulu échanger, c'était pour savoir si les élus pouvaient compter sur mon « honnêteté » en cas d'interview, me reprochant insidieusement d'avoir souvent « tronqué des citations », ou « déformé des propos ». Notre discussion a été vaine, surtout qu'il n'avait aucun exemple concret à me donner (aux dernières nouvelles, personne n'a pu illustrer ce genre d'accusation). Je n'ai pas trop compris ce qu'il espérait avec cet échange : qu'il préfère la communication au journalisme, ça je le savais, mais de là à penser que j'allais lui répondre « ah oui désolé, ok on a été un peu méchants, mais la prochaine fois on sera bien gentils, on reprendra votre communication bien sagement », il y a un gouffre.

Cette manière de faire révèle une volonté de contrôle absolu de la communication. Si les élus grenoblois ont reçu à bras ouverts les médias parisiens « de gauche » (*Libération*, *Politis*, *Reporterre*, etc.) qui ont tout au long du mandat multiplié les articles louangeurs ou les interviews complaisantes en les brossant dans le sens du Piolle, elle a par contre mis beaucoup de bâtons dans les roues des journalistes locaux voulant simplement faire leur boulot, comme on le racontait dans ce petit article.

10. La ville de Grenoble est divisée en 6 secteurs géographiques, chaque secteur comporte plusieurs quartiers de la ville.

(Paru dans *Le Postillon* n° 41, été 2017)

La co-construction de la propagande

Pas facile de poser des questions aux élus écolo-citoyens de Grenoble : au *Postillon*, quand on cherche des informations normalement publiques, on se prend souvent des vents. C'est pas très sympa, mais bon on comprend : on ne couvre pas les événements de la mairie, on vient jamais à leurs conférences de presse, on signe pas nos articles, on ne sent pas bon des pieds et on écrit souvent des choses pas gentilles. Les écolo-gauchistes ne sont pas très joueurs, et surtout pas très ouverts à la « libération des données » (contrairement à leurs engagements de campagne), mais c'est presque compréhensible pour notre canard – quoique largement critiquable. Par contre il y a des attitudes municipales qu'on n'arrive pas à expliquer : la bande à Piolle est parvenue à se brouiller avec des médias pleins de bonne volonté. Le site internet *Place Gre'net* suit avec sérieux l'actualité municipale : ses journalistes vont aux conférences de presse et suivent tous les sujets locaux d'actualité. Des fois, ils font des comptes-rendus appliqués d'événements municipaux, sans rien dire de mal, et des fois ils vont gratter derrière la communication officielle pour soulever quelques points sensibles. Un travail normal de journalistes consciencieux. Mais un travail jugé pas assez bienveillant par le cabinet du maire (il préfère les louanges de *Politis* ou de *Reporterre*), qui fait tout pour compliquer le travail des journalistes de ce site. Dans un long article, *Place Gre'net* (3/05/2017) dénonce des « entraves à la liberté d'informer » : « Déplacement non communiqué, refus d'interviews, absence de réponse aux sollicitations, journalistes délibérément exclus de visites presse, pressions exercées avant ou après la publication d'articles sur des sujets sensibles. [...] Fait troublant mais pas si étonnant, les commandes d'encarts de communication à *Place Gre'net* par la Ville se sont subitement arrêtées en novembre 2016, alors que la Ville continuait de largement communiquer dans le reste de la presse. Une mesure de rétorsion économique suite à des articles ayant déplu, comme un membre du cabinet l'a clairement exprimé à un journaliste de *Place Gre'net.*» Dans le même temps, la mairie continue par exemple d'acheter des publicités au *Daubé* et vient de payer le voyage d'une de ses journalistes en Israël pour couvrir un déplacement du maire, selon *Place Gre'net.* Au conseil municipal du 7 février, les élus ont même voté – à propos de l'exposition Fantin-Latour au musée de Grenoble – une convention de partenariat avec le quotidien local, la multinationale Schneider Electric, et Indigo (une ancienne filiale de Vinci). La mairie continue-t-elle les échanges financiers avec *Le Daubé* parce que ses articles ne lui «déplaisent» pas ? Pour justifier la différence de traitement, l'élu Alan Confesson traite, sur Facebook, *Place Gre'net* de «média d'opposition», qui a une «ligne éditoriale qui n'est pas celle d'un média indépendant». Pour les élus, il y a en fait un véritable média indépendant à Grenoble : il s'appelle *Gre.mag* et c'est le bulletin municipal.

Ah, *Gre.mag* ! Encore une belle histoire... Le treizième engagement de la campagne de Piolle de 2014 promettait : «Une rédaction indépendante aura à charge de faire un journal d'information (informations pratiques, présentation des services et des agents) et de débats sur les controverses municipales. Loin de la propagande municipale que Grenoble a connue, un espace du journal sera réservé pour les saisines de la Ville par les habitants et l'expression des contre-pouvoirs. Parallèlement, la communication par les moyens informatiques sera développée.»

Lorsque j'avais rencontré Lecœur, cette «rédaction indépendante» n'avait pas encore été montée. Le directeur de la communication m'avait assuré : «Je ne peux pas vous dire ce que ça va être, mais ce que je peux vous dire c'est qu'on va mettre en place une méthode. Je vais monter des groupes qualitatifs, ici dans la boutique. Je vais écouter les gens, analyser ce qu'ils me racontent et je vais essayer de suivre le mieux possible leurs idées, leurs volontés. [...] On va justement essayer d'avoir une communication qui ne soit pas "regardez comme on est beau, comme on est gentils". C'est un peu de ça dont on voudrait sortir. On pourra pas en sortir à 100 %. On sera obligé de rentrer dans les pièges habituels de "regardez comme on a bien fait ce truc-là". Mais au moins on fera attention. »

Six ans après, le résultat n'est pas beau à voir. Dans les trente numéros sortis depuis 2014 (les lecteurs non-grenoblois peuvent les consulter sur le site de la Ville de Grenoble), jamais cette volonté de « faire attention » ne transparaît. Faut dire que ça n'avait pas très bien commencé : la rédaction en chef du journal municipal estival de 2014 avait été confiée à une ancienne communicante du maire Carignon, Élisabeth Munz. C'est également une vieille de la vieille qui est « co-responsable de la rédaction » de *Gre.mag* depuis 2014. Isabelle Touchard, c'est son nom, connaît la maison depuis un bail : elle a en effet bossé, en tant que « chargée de communication, journaliste, rédactrice en chef », à Grenoble Communication, la boîte qui a assuré la promotion de Carignon puis de Destot, de 1989 à 2007. Sacré pedigree pour faire un journal « loin de la propagande municipale que Grenoble a connue » !

Avec ses multiples rubriquages, ses articles courts vite-lus-vite-oubliés et ses mots importants surlignés en jaune, la maquette de *Gre.mag* est radicalement différente de celle des *Nouvelles de Grenoble*, nom de l'organe de propagande sous Destot. Le fond n'a par contre pas changé : aucune once d'esprit critique ne vient se promener dans les quarante-huit pages de ce bimestriel à la gloire de la municipalité. Deux exemples parmi d'autres : à l'automne 2014, alors que la polémique autour de la privatisation de l'éclairage public avait grandement animé la vie locale pendant les deux mois précédents et donné lieu à l'annulation d'un conseil municipal, pas une seule ligne n'a été écrite dessus. De la même manière, en 2016, les lecteurs de *Gre.mag* n'ont appris l'arrêt des trois bibliothèques de quartiers qu'après leur fermeture. Cette propagande éhontée, copié-collé de ce qui se fait partout ailleurs, permet d'ajouter quelques lignes dans l'anthologie du foutage de gueule politique, en la mettant en parallèle avec les engagements de Piolle d'« une rédaction indépendante », « des débats sur les controverses municipales », « loin de la propagande municipale ». *Gre.mag* propose de la pure « propagande municipale », avec un éditorial du maire pour ouvrir le journal comme dans chaque journal municipal. Sauf qu'ici, pour faire croire à une « rédaction indépendante », il est dissimulé sous la forme d'une pseudo-interview titrée abusivement « 3 questions à Éric Piolle ». Le minimum serait d'assumer ce côté « regardez comme on est beau, comme on est gentils » et non de prétendre faire l'inverse : pourquoi pas en le renommant *Tartuffe mag'* ?

Bref, retournons donc au café avec le deuxième cerveau de Piolle, Enzo Lesourt. Comme la discussion n'allait à peu près nulle part, j'ai quand même voulu proposer une issue positive. Plutôt que de vouloir contrôler ce qu'on écrit sur eux, et s'il nous aidait à écrire sur leurs opposants ou sur les difficultés qu'ils ont rencontrées pour mener leur politique ? Faut dire que depuis le début du mandat de Piolle, il m'est souvent arrivé de croiser des élus ou des membres du cabinet du maire nous reprochant notre ton trop critique envers la municipalité. « Vous vous rendez pas compte, tout le monde est contre nous, nos adversaires manigancent des coups bas, on doit faire face aux lobbies, le préfet nous met des bâtons dans les roues, alors on peut pas faire ce qu'on veut. »

À chaque fois, comme avec Lesourt, je leur suggérais alors de m'expliquer cette part sombre du pouvoir, de balancer des faits, des noms, des histoires qui racontent cette difficulté à gouverner en gardant ses idées généreuses. J'aurais pu faire des papiers pour dénoncer tout ça (en leur garantissant l'anonymat bien sûr). Pour qu'au moins leur passage au pouvoir municipal serve à quelque chose, pour que l'intelligence collective progresse, pour que d'éventuels candidats aux idées généreuses soient mieux armés et ne reproduisent pas les mêmes erreurs.

Mais on n'a jamais rien reçu. Qu'ils n'aiment pas *Le Postillon*, je comprends, mais je n'ai rien lu de cet ordre-là non plus sur *Place Gre'net*, *Le Daubé* ou France 3 ou dans n'importe quel média. Ils ne nous ont rien appris sur les travers du pouvoir, pourquoi on en arrive à se renier ou se compromettre, comment les lobbyistes font avancer leurs dossiers, quelles manigances honteuses sont mises en place, pourquoi ce fameux pouvoir est maudit, comment on se transforme en simple gestionnaire. On ne sait rien de leurs erreurs, de leurs regrets, de leur part d'humanité dans cet exercice du pouvoir qui semble être tellement froid. Tous les anciens *loosers* d'hier semblent avoir complètement acquis la « culture du pouvoir » tant promue par Piolle.

Depuis les Européennes de 2019, Piolle a en effet une nouvelle thèse qu'il ressasse dans les médias : les écolos doivent montrer qu'ils sont responsables et qu'ils veulent le pouvoir. « Jusque-là, les écologistes "étaient des lanceurs d'alerte et l'aiguillon du Parti socialiste", mais ils "doivent maintenant développer une culture du pouvoir", affirme-t-il. Post scrutin, EELV porte désormais la responsabilité de mettre plus de chaises autour de la table pour "devenir un parti de gouvernement", insiste Éric Piolle » (*L'Opinion*, 05/06/2019). Dans *L'Obs* (06/06/2019), il montre les muscles : « Nous pouvons mener des majorités, exercer le pouvoir et ne plus être des suppléments d'âme.» Dans *La Tribune* (06/06/2019), il rabâche : « Aujourd'hui, le temps de l'alerte est passé, il faut passer à autre chose, assumer d'être une potentielle majorité culturelle. [...] Il est de notre responsabilité de changer notre culture pour devenir leaders de la majorité.» Je ne connais rien de la situation espagnole, mais j'ai juste lu que les nouvelles mairies « citoyennes » comme celles d'Ada Calau à Barcelone parlaient de « squatter le pouvoir » ou de « prendre d'assaut les institutions ». Ça me semble des meilleures bases que d'avoir pour ambition « la culture du pouvoir » ou de devenir « parti de gouvernement » et « leader de majorité ». Voilà peut-être encore une illustration de cette scission dans Chiche !, qui a compté en son sein à la fois Erwan Lecœur et des gens beaucoup moins adeptes de la « culture du pouvoir », comme Mathieu Burnel (l'un des inculpés de Tarnac) ou Aude Vidal (autrice de deux bouquins critiques de l'individualisme aux mêmes éditions que ce bouquin [11]). Un drôle de mélange : j'ai appris récemment que François de Rugy, ex-ministre de la transition écologique et solidaire et ex-président de l'Assemblée nationale sous Macron, en a également fait partie avant de se faire virer à la fin des années 1990.

À l'automne 2019, Piolle a publié un bouquin : *Grandir ensemble. Les villes réveillent l'espoir*. Deux cent cinquante pages de « moi-je » et de « Oui-Oui » et pas l'ombre d'une information inédite, d'une analyse originale, d'une faiblesse, d'une contradiction, tout ce qui peut faire l'intérêt de la littérature. Pour qui a suivi la communication du maire de Grenoble depuis cinq ans, il n'y a à peu près rien de nouveau, ni sur ses dissonances internes, ni sur les travers de la « culture du pouvoir » qu'il promeut ardemment. À un moment, on croit qu'il va faire des révélations : « Quand je suis passé de

11. *Égologie. Écologie, individualisme et course au bonheur* en 2017, et *Le Revenu garanti : une utopie libérale* en 2019.

l'autre côté de ce qui me semblait être une barrière séparant deux mondes, j'ai été surpris, interloqué de découvrir des pratiques pires que celles qui se voient de l'extérieur. "Si les gens savaient l'ampleur du désastre, ils dénigreraient encore plus la vie politique", telle fut ma première réaction. » Mais Piolle ne dévoile rien sur ces pratiques, préférant promouvoir la « nouvelle langue » du « nouveau monde » où « tout commence par s'entraîner à parler d'amour ».

Quand *Partager c'est sympa* lui demande lors d'une interview toute en flagornerie (YouTube, 26/02/2020) de raconter cette « partie sombre de la politique », Piolle répond : « C'est pas quelque chose que j'ai forcément envie de raconter parce qu'il y a un moment où nous on est en posture de négociation avec les services de l'État, avec l'environnement politique et raconter des dessous revient plutôt à fragiliser nos négociations futures. » L'omerta est ainsi justifiée.

Je suis peut-être un peu idéaliste, mais je crois bien que rien ne changera vraiment tant que les « arbitrages » se gagneront derrière des portes fermées, à l'abri du regard des habitants, avec tout ce que ça implique de magouilles, de pressions et de renoncements. Piolle a toujours voulu assurer « changer le système de l'intérieur » et effectivement, c'est bien « de l'intérieur », en totale opacité, sans aucune transparence, qu'il ne change pas grand-chose.

La « culture du pouvoir » ne connaît pas de faiblesse, n'a pas d'humilité et ne veut pas renverser la table. La « culture du pouvoir » a pour but de bien gérer les budgets, faire des beaux coups de com' et que le business prospère. La « culture du pouvoir » conduit surtout à vouloir rester au pouvoir, et qu'importent les compromissions. C'est notamment elle, et son fameux « sens des responsabilités » qui nous a conduits dans le mur écologique où l'on se précipite. Comment peut-on croire qu'elle permettra de prendre une direction raisonnable ?

Peut-on avoir confiance en des personnes heureuses d'être au pouvoir ? Pour moi, c'est forcément suspect. Je crois que la confiance envers les politiques ne pourra être rétablie que quand ceux qui auront les manettes seront des personnes hostiles à la « culture du pouvoir », ne voulant pas se faire réélire et n'ayant pas le goût des manigances et des arbitrages gagnés « de l'intérieur ».

Pas comme Piolle, et pas comme Lesourt et Mongaburu. Après six années passées aux manettes, ils ont toujours l'air aussi à l'aise dans leurs responsabilités. Lesourt continuant à être « conseiller spécial » de Piolle tout en écrivant des bouquins de philo incompréhensibles pour le commun des lecteurs. Son livre *Survivre à l'anthropocène* (Puf, 2018) lui permet de surfer sur la mode de la collapsologie[12] en étant invité dans quelques rendez-vous d'intellos. J'ai essayé de le lire mais j'ai tellement rien capté que j'ai même pas réussi à en dire du mal, c'est dire.

Suite aux municipales de 2020, Mongaburu était le candidat officiel du groupe écologiste à la présidence de la Métropole, disposant du plus grand nombre d'élus. Si son arrogance et son verbiage lui ont coûté la présidence, il reste vice-président de la Métropole aux « défis climatiques » et conseiller municipal délégué à « l'urbanisme transitoire »[13].

Seul Robichon a déserté les premières places. Je l'ai toujours senti moins à l'aise, moins sûr de lui, pas de la trempe des gouvernants comme Piolle et Mongaburu. Si en tant qu'attaché de groupe pendant trois ans, il a été un maillon fort de la politique piollienne, manigançant pour imposer

12. Selon Wikipedia, « la collapsologie est un courant de pensée récent qui étudie les risques d'un effondrement de la civilisation industrielle et ce qui pourrait succéder à la société actuelle ». Lire à ce propos Renaud Garcia, *La collapsologie ou l'écologie mutilée*, éd. L'Échappée, 2020.

13. J'évoquerai un peu plus ce personnage dans le chapitre 7.

les vues du Politburo contre les dissidents internes, il lui est arrivé d'exprimer des doutes et un mal-être. Je me souviens de son regard gêné quand on échangeait rapidement au marché : « À chaque fois qu'on prend une décision, je me demande toujours ce que vous allez en dire. » Pour lui, être au pouvoir avait l'air d'être un chemin de croix, et d'ailleurs au bout de trois ans, il a démissionné pour aller se former au maraîchage bio.

S'il continue de défendre ardemment les politiques menées par Piolle sur son compte Twitter, il passe maintenant l'essentiel de son temps à monter une « ferme agroécologique ». Que les gouvernants se reconvertissent dans le maraîchage, ça me semble un bon programme.

LE PROBLÈME C'ÉTAIT LES MILITANTS
tous partis
LIBÉRÉ... DÉLIVRÉ...

CHAPITRE SIX

DERRIÈRE LES SOURIRES PUBLICITAIRES, UN MANAGEMENT AUTORITAIRE

Mongaburu est-il beau joueur ? Il est en tout cas venu à la soirée de lancement de *Cuvetta II*, un jeu dont le but est de se moquer de lui, entre autres. Pour les non-Grenoblois, sachez que Grenoble, ville grise et sur-urbanisée, est par contre entourée de jolies montagnes, ce qui fait qu'on parle souvent de « cuvette » grenobloise, d'où ce nom de *Cuvetta*.

La première version de ce jeu, intitulée juste *Cuvetta*, était sortie en 2008, peu avant la création du *Postillon*, et était injouable. Inspirée du jeu de plateau *Junta*, *Cuvetta* mettait en scène des personnalités grenobloises magouillant pour avoir le plus d'argent possible et pouvoir s'acheter une maison dans la riche banlieue de Corenc. Mais il fallait bien une heure pour comprendre les règles et les parties étaient interminables.

D'où l'idée, une dizaine d'années plus tard, de faire une seconde version, beaucoup plus simple et rapide à jouer. *Cuvetta II* est sorti en mai 2019, proposant des parties d'environ une heure permettant de s'exercer à la langue de bois. Un objet bizarre pour une satire de la politique locale, édité officiellement par personne. Comme *Le Postillon* en a fait la pub, nombre de joueurs ont cru que *Cuvetta II* était une création du journal. Si deux dessinateurs du canard ont illustré les cartes de jeu et si j'ai un peu participé à son élaboration, les personnes motrices dans la création de ce jeu ne font pas partie de l'équipe du *Postillon*.

Ces personnes, qui souffrent également du complexe de l'anonymat, ont décidé d'inviter officiellement tous les protagonistes de ce jeu à la soirée de lancement le 20 avril 2019, de Piolle à la députée macroniste Émilie Chalas, de l'ancien maire corrompu Alain Carignon au président de la Métropole Christophe Ferrari. Chacun de ces politiciens a donc reçu un beau carton d'invitation pour venir découvrir les premières parties du jeu dans une librairie. Même si je doutais qu'un seul ne vienne, j'avais trouvé cette initiative bizarre et potentiellement dangereuse pour mon hygiène de vie nécessitant de se tenir le plus loin possible des gens du pouvoir.

Finalement, le soir-même, seuls Mongaburu et Lucille Lheureux, alors adjointe aux espaces publics, ont été assez malins pour se pointer, avec deux ou trois cadres des Verts, et tous ont joué avec plaisir à ce jeu censé se foutre de leur gueule. Mongaburu est pourtant la caricature de l'utilisateur de l'éco-langue de bois, dont le jeu se moque. Chacun de ses discours peut permettre de cocher plusieurs phrases du bingo du générateur de discours de Pierre Lazare. Un mec, pour paraphraser Coluche que quand tu lui poses une question, une fois qu'il a fini de répondre, tu comprends plus la question que t'as posée.

Non seulement on comprend pas grand-chose, mais en plus son charabia est saupoudré d'une bonne dose d'arrogance, chaque phrase respirant la prétention de faire partie des rares heureux élus à savoir comment changer le monde. C'est notamment tout ce verbiage qui lui a coûté la présidence de la Métropole en juillet 2020, comme le confie un socialiste au *Daubé* (21/08/2020) : « On a eu droit à un exposé de Mongaburu. Il se croyait à Sciences Po. Quelle arrogance ! On s'est dit qu'on n'allait pas supporter cela durant six ans. »

Le concurrent heureux de Mongaburu à la présidence de la Métropole, Christophe Ferrari, nous a infligé en 2016 un procès pour « injure et diffamation » suite à un article sur sa gestion du personnel à la mairie de Pont-de-Claix. Les élus verts & rouges, eux, ne nous ont jamais attaqués et peuvent même venir à des soirées jeux dont le but est de se foutre de leur gueule. C'est pas du sadomasochisme, ni de la dissonance cognitive, mais le résultat d'une stratégie politique réfléchie. Coluche, encore lui, disait : « La dictature c'est ferme ta gueule, la démocratie c'est cause toujours. » Avec les néo-élus verts & rouges, on peut causer, et même ricaner, se moquer méchamment, critiquer durement, rien ne les atteint. Tout semble glisser sur eux, comme sur le Tartuffe de Molière : « Vos insultes n'ont rien à me pouvoir aigrir / Et je suis pour le Ciel appris à tout souffrir. »

Notre problème, au *Postillon*, c'est que malgré tous nos efforts et notre inadaptation au monde moderne, on est quand même un peu tendance. On a beau avoir ni Facebook, ni Twitter, ni Snapchat, ni Instagram, ni communauté à rejoindre, ni *goodies*, on est lu tous les deux mois par plusieurs milliers de lecteurs – et donc plusieurs milliers de potentiels électeurs.

Un patron de bar m'a dit que Piolle passait souvent dans son rade pendant la campagne des municipales 2020 parce que ce lieu avait été identifié par son équipe comme un lieu où traînait une faune d'électeurs à convaincre, entre déçus du piollisme et abstentionnistes. Se montrer dans ces endroits pouvait convaincre quelques indécis d'aller voter pour le mec qui traîne dans le même bar.

Je crois que pour *Cuvetta* ou *Le Postillon*, c'est un peu pareil : Mongaburu et Piolle sont venus pour essayer de gagner des voix.

« Quoi ? Y'avait Piolle aux 10 ans du *Postillon* ? »

Cette question on me l'a souvent posée. Autant j'avais vécu son passage comme un non-évènement, autant que la question de sa présence soit la seule source de curiosité de celles et ceux qui n'étaient pas là, ça m'a bien fait chier.
Parce que sinon, on était content de nos 10 ans.
C'était le 1er mai 2019, il faisait grand beau.
À la manif du matin on avait jamais été aussi nombreux à vendre le canard. L'après-midi, des centaines de personnes étaient venues au concert de la fanfare des Garces embouchées organisé dans un bâtiment abandonné, sacrée source d'angoisse, qui avait précédé un jeu de piste dans toute la ville, sacré boulot de préparation.
Bref, j'étais arrivé rincé à la soirée qui clôturait cet anniversaire, où, avant la piste de danse et la bouffe, on proposait des parties de *Cuvetta*.
Et c'est donc là que Piolle s'est pointé, avec sa femme, et est resté deux petites heures à jouer.

Pour être honnête, je précise qu'il m'avait demandé la « permission » à la manif du matin. Entre deux fanfares qui nous jouaient « Joyeux Anniversaire », lui et Lesourt m'étaient tombés dessus : « J'ai pas pu venir à la soirée *Cuvetta*, est-ce que je peux venir ce soir à votre anniversaire ? » Je m'y attendais pas à celle-là alors j'avais bredouillé « euh... je sais pas… vous êtes libre hein… c'est un évènement public, y'a pas de carton d'invitation… euh je veux dire ceux de *Cuvetta* c'est pas nous qui les avons envoyés… euh». J'avais alpagué Nardo, dessinateur et pilier du journal, qui vendait à côté, comme une bouée de sauvetage, en lui soumettant le problème. «Faut pas venir faire votre pub, hein, y'aura des gens qui vous aiment pas» il lui avait balancé, et moi le meilleur truc que j'avais trouvé pour conclure c'était «je dis pas que vous êtes le bienvenu mais oui bien entendu comme n'importe qui, vous pouvez venir.»

J'y avais un peu repensé pendant la journée, malgré le stress et les choses à gérer. Au fond de moi, j'espérais qu'il ne viendrait pas, ça serait plus simple, même si je ne regrettais pas de lui avoir «permis»: je déteste les évènements identitaires où les participants sont triés à l'entrée. Là, c'était le maire, pas n'importe qui, j'aurais pu lui dire non mais pour me rassurer je me disais que de toute façon s'il venait, plusieurs personnes en colère contre sa politique ne manqueraient pas de lui rentrer dedans.

Mais il est venu et personne ne lui a pris la tête. Je crois que plein de gens auraient aimé mais personne n'a osé, surtout par rapport à nous. Vu que c'était notre anniversaire, ça aurait été à nous de lancer les hostilités, et vu qu'on est pas des gueulards (si on écrit, c'est pas pour rien) on a rien fait. Sur le moment, en fait, j'en avais un peu rien à foutre, me disant que le comportement le plus adapté à sa présence était de l'ignorer.

Et puis les jours d'après, donc, beaucoup de personnes absentes lors de la soirée d'anniversaire m'ont questionné, surprises ou en colère. Des anars ont sous-entendu gentiment qu'on était des vendus. Des anciens bibliothécaires en lutte contre le plan d'austérité étaient très déçus qu'il ait pu rester à cet évènement impunément.

En faisant un journal, on affronte souvent des petites polémiques. Celle-là me partageait : d'un côté ça ne me vexe pas du tout d'être traité de « vendu », j'ai jamais voulu participer au jeu du « plus radical que moi tu meurs » et pour certains le simple fait de vendre un objet est déjà le début de la compromission avec le Grand Capital. Et puis je me disais que la présence de Piolle aux 10 ans du *Postillon* n'avait pas été du tout publicisée, que 95 % des personnes sur place l'avaient globalement ignoré, bref que, s'il avait voulu faire un coup de com', c'était plutôt tombé à l'eau.

De l'autre, même si ça me chiffonnait de l'admettre, sa présence n'était pas due à une envie désintéressée mais à une stratégie dûment établie de légitimation de sa politique, comme pour montrer que finalement il n'y avait pas tant d'écart entre les écolos « de pouvoir » et les contestataires (entre les deux camps s'opposant dans Chiche !) Et puis sûrement aussi il n'est pas inutile de « se montrer », une petite année avant les municipales, dans des lieux regroupant des potentiels électeurs à convaincre. Notre anniversaire était rentré dans sa stratégie de campagne et l'avait potentiellement fait passer auprès de personnes présentes comme quelqu'un de « sympa », et pas susceptible en plus.

Et c'est ça qui me gênait le plus. Parce que oui Piolle est « sympa », comme beaucoup de politiciens, comme beaucoup de monde en fait. Tant qu'on ne s'oppose pas à sa politique, tant qu'on ne se met pas au travers de ses ambitions, il discute souvent avec bonhomie, a un certain sens de l'humour, sourit, serre des paluches, boit des bières à la terrasse des cafés.

Une vitrine bien travaillée pour cacher l'envers du décor, celui du leader autoritaire et hautain, raconté par tous ceux ayant tenté de s'opposer politiquement à lui. J'ai déjà évoqué Dany, José, Eva et des salariés municipaux désabusés. Mais les opposants « internes » à Piolle les plus célèbres pendant son premier mandat sont les deux élus Bernadette Richard-Finot et Guy Tuscher, exclus du groupe majoritaire pour s'être abstenus sur le vote du budget municipal entérinant le plan d'austérité fin 2016. Afin de pouvoir continuer d'exercer leur mandat, ils ont fondé leur propre groupe, « Ensemble à gauche ». En fin de mandat, ils sont devenus les principaux ambianceurs du conseil municipal.

Au moment des 10 ans du journal, ça faisait quelque temps qu'on parlait plus trop de Piolle au *Postillon*.

On est des enfants de notre époque, on zappe sans arrêt. J'ai beau avoir un recul critique sur mes contemporains, je souffre de multiples maux modernes parmi lesquels fainéantise, lassitude précoce et manque d'obstination. Piolle, la mairie verte-rouge, ça m'a un peu excité au début de la mandature, il y avait au moins un gros papier sur ce sujet dans chaque numéro, et puis au fil des mois ça m'a lassé, les papiers se sont raccourcis et espacés.
J'avais peur de saouler le lecteur.

Et puis j'avais aussi l'impression de tourner en boucle, les élus répétant toujours le même genre de discours, défendant toujours le même genre de projets et occasionnant donc toujours le même genre de critique.

Je me suis aussi lassé des polémiques municipales, j'avais même l'impression de participer à un jeu malsain, de fixer sur des petits problèmes bien loin des phénomènes moins sexy mais plus déterminants pour la marche de la cuvette.

La petite polémique autour de la présence du maire aux 10 ans du journal m'a « remis » dedans, et j'ai eu envie d'apporter de la nouvelle matière à la réflexion, justement pour contrecarrer ce côté « sympa ». J'avais déjà évoqué comment la municipalité grenobloise pouvait chercher à faire taire les citoyens et associations et ses agents un peu trop « rebelles » à son goût, en allant jusqu'à instrumentaliser le droit. On a ainsi vu la Ville (ou ses sociétés) assigner en diffamation au tribunal de grande instance une Union de quartier pour une petite ligne sur le bakchich dans un article sur les marchés ; réclamer la somme délirante de 2,3 M€ à des requérants contre un permis de construire ; envoyer les huissiers à Vivre à Grenoble, association dont l'opposition écologiste soutenait l'action avant 2014, et exiger d'elle dans une autre procédure le paiement de 2 400 € de frais de justice ; menacer d'amendes sévères (40€ par affiche décollée) les collectifs qui ne se cantonnaient pas aux 111 malheureux panneaux destinés aux associations dans la ville. Bref, les anciens lanceurs d'alerte ont bien appris de leurs luttes passées et sont très rapidement devenus, à l'abri du droit, les champions de la procédure-bâillon locale.

Mais cette fois, je voulais fouiller dans des aspects plus intimes, et tout aussi révélateurs. Alors j'ai interrogé l'élu dissident Guy Tuscher, pour qu'il révèle l'autre visage de Piolle et de la discipline de groupe d'élus verts-rouges qui n'ont pas le droit d'avoir des paroles singulières et des pensées propres. Une longue interview que je vous mets presque intégralement ci-dessous :

(Paru dans *Le Postillon*, n° 51, été 2019)

On parle de plus en plus du « blues » des maires, qui seraient désemparés suite à la baisse des dotations de l'État et à la perte d'une partie de leurs pouvoirs. Les simples conseillers municipaux ont le blues aussi ?

Dans la majorité municipale, j'en ai vu aller très mal, surtout en début de mandat. Dès les premières réunions suite à l'élection, on a été plusieurs à être choqués sur la manière de manager les nouveaux élus. Je ne m'attendais pas à ce que ceux qui avaient déjà fait de la politique puissent être aussi « doués » que ça dans la prise en main du groupe majoritaire. Ils s'occupaient de nous sans arrêt, insistaient sur la prétendue «bienveillance» et qu'on était tous «les bonnes personnes, au bon endroit, au bon moment». Cela paraît sympa mais cela donnait vraiment la sensation de devoir rentrer dans un moule. On a eu des séances avec une comédienne, qui est venue pour nous apprendre à parler en public... c'est pas mal, sauf qu'en tant que simple conseiller, au conseil municipal, tu ne parles pas. Il n'y a que les adjoints qui parlent, les autres ne disent jamais rien.

Toi, ça t'a servi plus tard, en devenant opposant.

Ouais, c'est vrai. En tout cas, il y a tout de suite eu un management particulier, amené par Piolle qui, avant d'être au Conseil régional, dirigeait le pôle «logistique services» pour l'Europe, le Moyen-Orient et l'Afrique de la petite multinationale HP. Une fois élu, il voulait faire du «management au projet» pour faire croire que tout le monde était égal, qu'il n'y avait pas de chef, les trucs qu'on enseigne dans toutes les écoles de managers. Il a par exemple tenu à tout prix à ce qu'il y ait quatre séminaires de deux jours complets par an. On partait tous les 42 élus dans la campagne, on dormait là-bas et on faisait la fête le soir ensemble. Soi-disant pour garder la cohérence du groupe... On parlait un peu de politique, mais ce qui comptait pour lui c'était le *off*, se bourrer la gueule... La nuit, il faisait des grosses «déconnades» en arrivant à deux heures du mat' avec des membres du cabinet pour balancer un seau d'eau sur le lit d'un adjoint en train de dormir, par exemple.

Je trouve ça plutôt drôle...

Ouais, enfin il y avait des gens de soixante ans qui appréciaient moyen. Ça avait quand même un petit côté bizutage militaire ou grande école pas très proche de la bienveillance revendiquée... Et puis fallait jouer au baby-foot avec lui... Boire des coups ou jouer au baby, c'est bon pour détendre les désaccords politiques. Moi je ne m'étais pas engagé pour avoir un copain. J'étais rentré parce qu'il y avait un programme qui me plaisait. Avoir un copain qui en plus nous mentait souvent... Bref, ils ont mis en place ce management moderne et censé être sympa parce qu'ils savaient qu'il allait se passer des situations difficiles, que ça allait être dur humainement. Ce qui a été vrai : j'ai vu des adjoints qui ont vraiment morflé, psychothérapie et compagnie. À un moment, un adjoint s'est confié à moi : « Depuis que je suis élu, je ne réfléchis plus », un autre a passé trois heures à me raconter ses problèmes, notamment avec la première adjointe.

D'autres conseillers étaient au fond du trou : ils étaient largués, n'arrivaient pas à accepter la manière de fonctionner, se plaignaient : « Ils sont sans arrêt sur mon dos. » Derrière le côté « grande famille », tout le monde se retrouvait très seul en fait. À une assemblée générale de l'ADES [l'Association démocratie écologie solidarité, une des quatre composantes de la majorité avec le Réseau citoyen, le Parti de gauche (ancêtre de la France Insoumise) et Europe Écologie-Les Verts], devant une centaine de personnes, Piolle a quand même dit : « Ma philosophie c'est que je laisse mes adjoints se démerder. S'ils coulent et s'ils me demandent de l'aide, je tends la main... »

Faut dire aussi que c'était compliqué de trouver un équilibre personnel. Parce qu'au début, on nous a quand même ordonné de ne pas parler à la presse et à personne d'autre en fait. Christine Garnier [conseillère municipale

---

14. Le 28/09/19, Christine Garnier nous a envoyé un « rectificatif » à propos de cette citation en disant que « c'est évidemment faux et n'a d'ailleurs aucun sens. Ce que j'avais dit concernait uniquement les rares informations à garder secrètes, souvent temporairement. J'ai conseillé aux autres élu.e.s de n'en parler à personne, pas même à leur conjoint.e, c'est tout. » Étonnamment, ce « rectificatif » confirme donc les propos de Guy Tuscher.

et vice-présidente de la Métropole, membre d'EELV] a dit : « Vous ne parlez même pas à votre conjoint ou conjointe le soir sur l'oreiller des affaires de la commune [14]. » C'est une certaine violence, cela heurte tous mes principes.

Mais pourquoi ?

Parce que tout peut être répété, même si c'est pas forcément malveillant. Parce que les conseillers les plus influents disaient qu'on n'avait que des ennemis partout. Comme cette manière de penser me choquait on me disait : « Non, c'est comme ça, tu te rends pas compte comme c'est dur la politique, tu dis une petite phrase à quelqu'un et ça va être répété. » Ce fut tout de suite le syndrome de la citadelle assiégée, ils nous baratinaient : « On dit qu'on a eu le pouvoir par effraction, on va nous accuser d'être illégitimes et d'être incompétents, donc on n'a que des ennemis. »

Mais ça allait même plus loin. Dès le début, avant les premières polémiques, Lesourt, le conseiller spécial communication du maire (celui qui écrit tous ses discours) et Lecœur, l'ancien directeur de la communication, répétaient : « Le problème, ça va être les militants. » Selon eux, ils ne comprennent rien à la politique et s'insurgent inutilement.

Avant, l'ADES et les Verts soutenaient l'association Vivre à Grenoble, mobilisée sur l'urbanisme et qui fait des recours contre certains projets immobiliers. Aujourd'hui la mairie attaque cette association à cause d'un recours, en lui réclamant plus de deux millions d'euros de dommages-intérêts !

Pour eux, les collectifs ça devient des gens limite dangereux qui n'ont rien compris, qui ne sont que sur une posture. Quand on a voulu rencontrer Piolle avec Bernadette suite à notre exclusion du groupe, c'est ce qu'il nous a dit : « Vous êtes des militants, pas des élus, vous ne voulez pas vous salir les mains.» Ce qui était mensonger. Il y avait deux scénarios budgétaires sur la table de la majorité : un qui préservait le fonctionnement (agents et subventions) avec « seulement » 9 M€ de diminution sur 5 ans et 132 M€ d'investissement cumulé sur le mandat et un autre qui massacrait les services publics (-39 M€ sur 5 ans) dont entre autres les trois bibliothèques, au bénéfice de l'investissement (162 M€ au lieu des 132 M€), en clair le secteur du BTP. Ils avaient choisi le second et ne voulaient pas en discuter : on n'a jamais voté sur ces scénarios.

Ils caricaturent les militants comme des personnes juste bonnes à gueuler : c'est très méprisant et faux. Dès le début il y a eu une préparation psychologique aux choix qui n'allaient pas plaire aux militants, pour persuader que les seuls gens de confiance étaient les grands élus, le cabinet, les coprésidents de groupe.

L'adjoint aux finances Hakim Sabri était très mal parce qu'il n'avait aucun pouvoir vu que tout le travail était élaboré par le cabinet. Il a failli démissionner au bout d'un an et a aussi envisagé de faire un groupe séparé. Piolle est parvenu à le convaincre de rester. Finalement, il fait son mandat en disant : « La seule fierté que je vais retirer c'est de pas augmenter les impôts des Grenoblois. Je tiens à ça, tout le reste je m'en fous.» Faut voir la réduction de l'idéal. On a un programme de 120 engagements, pour lui ça se termine à « on n'a pas augmenté les impôts ». Il faut bien dire aussi que la menace de lui retirer sa délégation était présente, notamment lors de la polémique sur la gestion de l'éclairage public. À ce moment-là, ça a été le début des réunions très tendues pour culpabiliser les potentiels dissidents.

Ça se passait comment ?

Les 42 élus étaient réunis dans une même pièce et dans les moments les plus tendus, les attachés de groupe et les membres du cabinet n'étaient pas invités. Symboliquement, les portes étaient fermées à clef. Sur l'éclairage public, je défendais avec d'autres la possibilité d'avoir un vote différencié puisqu'ils refusaient la régie municipale. On était plus d'une dizaine à vouloir refuser la cession au privé, ce qui aurait pu être un *clash* retentissant. En face, ils nous culpabilisaient : « Vous vous rendez compte que vous allez taper contre la majorité, que vous l'affaiblissez. » C'était du ressort politique et psychologique. Ils mettaient une grosse pression pour que tout le monde rentre dans le rang. Il fallait vraiment être solide pour maintenir son vote différencié, finalement on n'a été que cinq.

Je ne comprends pas l'intérêt politique. De toute façon la majorité avait 42 élus sur 59 : si deux, quatre ou dix élus s'abstenaient ou votaient contre, la délibération passait quand même. Ça pourrait être vu comme une richesse, de ne pas voter tout le temps pareil, qu'il puisse y avoir des divergences.

Je suis bien d'accord, mais pour eux, c'est briser la confiance de tes collègues, affaiblir le groupe, trahir la famille... Il y a quelque chose de presque mafieux. La pire des séances fut suite à la fuite des mails internes au Parti de gauche (PG)[15]. Une réunion des 42 élus a été convoquée : au début la première adjointe Élisa Martin pleure, en disant : « Ma carrière politique est foutue »... Des vraies larmes, si, si ! Alan Confesson [conseiller municipal du Parti de gauche et actuel président de groupe] pleure aussi. Élisa Martin menace : « Ceux qui ont fait ça, je vous prie de croire qu'ils le paieront très cher. » Dans ma tête, ce fut comme si j'entendais Poutine qui disait : « Les Tchétchènes, je les poursuivrai jusque dans les chiottes ! » Tout le monde pensait que c'était moi parce que j'ouvrais beaucoup ma gueule. Mais c'était impossible car je n'ai jamais eu accès à la liste mail interne du PG.

15. Il s'agit des mails parus dans *Le Postillon* évoqués dans le chapitre 3.

Ensuite, il y a eu un tour de table, obligatoire ! Chacun devait s'exprimer. J'ai dit que je n'avais rien à dire mais Piolle est intervenu : « Mais Guy, tu sais que tout le monde est venu là pour t'écouter. » Alors j'ai dit : « Ah, puisque le maire m'autorise à m'exprimer, je vais dire ce que je pense. Je trouve ça normal ce qui arrive au PG, vu que les élus ont rompu tous les liens avec les militants. » Ensuite, Antoine Back [alors conseiller municipal délégué au Secteur 2 et à la Gestion urbaine et sociale de proximité] a balancé : « Je veux que la personne qui a donné les mails prenne la parole là, devant le groupe, et dise, c'est moi ! Et fasse son mea culpa. » La séance aurait dû être enregistrée, ça aurait valu le coup de la diffuser : qui aurait pu croire que les sympathiques écolos se comporteraient comme des staliniens des années 50 ?

Il y a eu souvent des pleurs ?

Oui, ça m'a stupéfait, par deux fois, Piolle a vraiment pleuré devant le groupe. La première fois, c'est quand il a viré son directeur de cabinet, Gaël Roustan. Il rentre dans la salle tout blême, Roustan était présent dans la salle et il dit : « C'est mon ami mais je suis obligé de m'en débarrasser » sans en donner les raisons qui sont toujours restées mystérieuses. Tout le monde était sidéré. Après, on a pensé que Roustan n'allait sans doute pas assumer facilement le plan dit « de sauvegarde » et il fallait une « tueuse » comme Odile Barnola [actuelle directrice de cabinet, ancienne collègue de Piolle chez HP].

Les pleurs produisent une tension psychologique très forte, tu ne peux plus vraiment t'exprimer à ce moment là. Tu te dis : « Ça le touche vraiment », tu vas pas t'amuser à parler politique, ça devient hors de propos. Le politique n'a plus sa place, parce que c'est devenu psychologique. Ça devient une affaire personnelle et ça empêche tout débat.

C'est les principaux travers des partis : ne pas pouvoir débattre, ne pas critiquer la ligne du parti, ne pas penser par soi-même et prendre position . Mais là, vous étiez une majorité hétéroclite, avec plusieurs sensibilités, dont des personnes sans étiquette. De ce que tu racontes, ça fonctionnait encore pire qu'un parti. Il n'y avait même pas plusieurs courants organisés, même pas de débat possible ?

C'était effectivement pervers. Mais il y a quand même eu des débats. Sur la votation citoyenne par exemple, on a beaucoup bagarré. Mais quand ils ont mis le seuil de 20 000 voix pour rendre la décision du vote exécutoire, c'était très clair qu'ils voulaient que ça n'aboutisse jamais. Ça, c'était un diktat de l'exécutif, Verts et PG. Le Politburo ne voulait pas qu'une votation puisse bousculer ses plans. C'était dit : on a été élus sur un programme, il est hors de question que la population décide autre chose par un vote. Mettre en place le dispositif « pétition + vote » c'était juste pour rendre l'illusion de la co-construction et de la concertation. Au final, c'est une véritable imposture.

On ne peut pas dire qu'il n'y a pas eu de débats, mais c'était toujours la ligne des cadres, des plus aguerris, qui l'emportait. Ou bien Piolle disait : « Je ne suis pas d'accord avec vous, ça se passera comme ça, point barre. » Dans les réunions, comme il fait au conseil municipal, il prenait toujours la parole en dernier et sifflait la fin de la récré. En gros, « c'est moi le chef, même si j'ai pas de cravate ». Et Élisa Martin acquiesçait. Elle ne s'est jamais intéressée au budget, les mails que vous avez publiés reflétaient vraiment la réalité. Elle ne s'est jamais opposée à Piolle, bien au contraire.

Pourquoi le PG n'a-t-il pas été plus critique, notamment vis-à-vis du « plan de sauvegarde » et de la fermeture des bibliothèques ?

Au début, je comprenais pas du tout la position du PG. Je m'attendais à la politique menée par les Verts, mais je croyais que le PG serait un allié puissant pour pousser des politiques plus sociales. Mais Élisa Martin disait tout le temps : « Éric, c'est le bon sens ce qu'il dit, il faut préserver cette majorité ». Elle n'avait pas un discours revendicatif ou offensif comme elle peut avoir en réunion publique où les gens peuvent se dire : « Ah ! Tiens, au moins elle a du cran celle-là. » Elle était le bon petit soldat de l'exécutif Vert.

Peu à peu, on a compris que tout avait été pipé par un accord EELV-PG au plus haut niveau avec Mélenchon. Il avait besoin d'apparaître « écolo-compatible », donc il a soutenu à mort ce rassemblement grenoblois très médiatisé. Il fallait que ça marche et il ne devait donc pas y avoir de vagues à Grenoble. Élisa Martin laissait faire les débats, n'y prenait jamais part, à la fin elle disait « Éric a raison », c'était le signal pour ses troupes du PG, qu'il ne fallait pas aller plus loin.

Pour revenir au fonctionnement interne, comment se fait-il que vous vous soyez fait virer suite à une simple abstention sur un vote ?

La première année, on a longuement débattu de la charte de fonctionnement interne à la majorité. En bataillant, on a obtenu la possibilité de faire un vote différencié sous quatre conditions : il fallait prévenir à l'avance, bien exposer ses arguments au groupe, privilégier l'abstention plutôt que le vote contre et s'entendre sur la communication externe avec la presse. Dans la charte, il n'a jamais été question du vote du budget. Mais moins de deux ans plus tard, on s'est fait virer avec Bernadette parce qu'on s'était abstenus sur le budget ! Là aussi ça a été le festival. La semaine d'avant, Bernadette a intelligemment coupé son téléphone. Mais moi j'ai eu pendant une semaine tous les jours des coups de fils des co-présidents de groupe,

Laurence Comparat et Claus Habfast. Au début, ils me disaient assez gentiment : « Tu sais Guy, c'est pas bien, on est une grande famille. » À la fin, c'était : « Tu vas voir, ça va être très violent. » Finalement, ils ont imposé une modification de la charte par un vote en urgence à main levée deux heures avant le conseil municipal sur le budget, qui disait que « l'appartenance au groupe impliquait le vote individuel et positif du budget ». Ainsi en nous abstenant, « nous nous excluions nous-mêmes de la majorité ». J'ai beaucoup appris de certaines méthodes « politiques » ce jour-là.

Pourquoi n'êtes-vous pas parti avant ?

Parce que quand j'en discutais avec les gens autour de moi ils me disaient de rester, que les positions que je défendais (le respect des engagements) représentaient quelque chose de fort. Je restais pour dire qu'on pouvait faire autrement.

Je restais mais j'étais malheureux comme une pierre parce que je me demandais : « Qui a le pouvoir, qui décide ? Est-ce que je ne me trompe pas ? Est-ce qu'ils n'ont pas raison, la politique c'est comme ça, tu te fais un peu des illusions ? »

Et puis j'étais vraiment malheureux pendant les conseils. Parce que se taper des conseils de dix heures d'affilée, parfois jusqu'à quatre heures du matin, et ne rien dire, c'était très oppressant. Je rentrais chez moi avec la sensation de ne plus avoir de parole, de ne servir à rien. D'avoir pour unique rôle de lever le bras. J'avais le sentiment que tout cela était inutile. Je me disais : « À quoi ça sert ces réunions, ces séminaires, si on fait la même politique que le PS ? »

L'équipe actuelle n'a rien de « disruptif » par rapport à l'ancien monde, comme dirait Macron ?

Il n'y a aucune différence de fond avec le PS. Honnêtement, j'arrive pas à voir. Par rapport aux discours sur l'urgence écologique, la ville de Grenoble est censée être à la pointe, mais il n'y a pas grand chose. Il faut regarder dans le concret, pas dans les annonces. Enlever une partie des publicités, ok : les socialistes l'auraient pas fait. Mais bon, le reste, les autoroutes à vélo ou les budgets participatifs ils auraient fait globalement la même chose. D'ailleurs les socialistes font des budgets participatifs à Rennes, Paris et ailleurs. Je ne dis pas que c'est mal, mais disons qu'on est beaucoup sur la fioriture, sur l'affichage. Sur le dur, l'urbanisme, le logement, les transports, ça rame. Le PDU (Plan de déplacements urbains) et le PLUI (Plan local d'urbanisme intercommunal), ce sont des trucs fondamentaux qui transforment réellement une ville, mais les ambitions sont vraiment minables. Dans le PDU, on vante la voiture électrique et la voiture autonome, des trucs pas du tout écolos. Dans le PLUI, ils annoncent qu'ils veulent réduire la consommation des espaces agricoles, mais quand on regarde, il s'agit en fait de réduire l'augmentation de la consommation et non pas la consommation des espaces agricoles. La nuance est de taille. Au lieu de consommer douze terrains de football on va en consommer dix, mais on va toujours en consommer. Quand tu étudies vraiment les choses, tu vois que ce n'est pas du tout ambitieux. Quand je vois les jeunes qui se mobilisent sur l'urgence climatique et qui soutiennent Piolle, je me dis qu'ils ne savent pas ce qui est décidé véritablement... Il faut dire que la communication municipale est très puissante, pas moins de 18 personnes au service com' et de puissants relais de presse nationale. J'ai constaté de nombreuses fois une image incroyablement positive de Grenoble à l'extérieur. Des gens à l'autre bout de la France me disent : « C'est vachement bien ce qui se passe à Grenoble. », mais quand tu leur demandes de dire exactement quoi, là ils en sont bien incapables.

Et puis il y a le social : je suis allé à l'AG de la MJC Parmentier il y a quelques jours, ils vont devoir réduire la voilure encore plus, enlever des activités, réduire le personnel. Parce qu'ils ont 35 000 euros de moins par an. Les MJC, on n'en parle jamais, la mairie s'en fout, mais elles crèvent à petit feu.

Il y a quand même des différences sur des sujets importants : suite à votre initiative, ils viennent par exemple de voter un arrêté anti-remise à la rue.

Oui, c'est vrai, et sur proposition de notre part, du jamais vu jusque-là. Il faut juste préciser que c'était la troisième fois que l'on proposait ce même type de vœu et que l'on est en période pré-électorale (c'est comme la décision de rendre les bibliothèques gratuites après en avoir supprimé trois). Surtout il va falloir bien veiller à comment c'est appliqué, sinon c'est pipeau complet. Attendons de voir...

Finalement, l'expulsion du groupe, ça a été plutôt une libération ?

Il y a des avantages et des inconvénients, on n'a plus accès à tous les documents, à la liste de diffusion interne, mais on a retrouvé la parole. Dès le début, quand on a pris position contre la majorité sur l'éclairage public, des gens qu'on ne connaissait pas nous ont félicités : « Ah, enfin on comprend qu'il y a du débat dans la majorité. » Depuis, des proches et des inconnus trouvent qu'on a un positionnement super et qu'il faut le garder. Ce qui me plaît particulièrement, c'est qu'on n'est pas tout seuls avec Bernadette. Il y a des personnes autour de nous, des groupes, des collectifs qui nous aident et nous soutiennent, c'est ce qui donne du sens à notre positionnement.

Depuis quelques mois, des gens nous demandent si on se présente aux prochaines municipales. Faire une liste, une campagne, siéger pendant 6 ans, c'est vraiment un gros boulot... mais il faut une vraie liste de gauche en 2020 qui soit un vrai relais des habitants, ne supprime pas les pétitions qui lui déplaisent, ne fasse pas de cadeaux aux multinationales, ne financiarise pas les logements sociaux... Donc, on y travaille et ça commence à prendre forme.

Dans la tribune du journal municipal réservée à l'expression des groupes d'opposition, vous posez avec deux bouquins. Bernadette a *Le Prince* de Machiavel et toi, tu es en train de lire le *Discours de la servitude volontaire* de La Boétie. Pourquoi ?

Les bouquins, c'était un clin d'œil bien sûr aux trois bibliothèques supprimées. Quant au choix des titres, lorsque j'ai été viré, je voulais lire quelque chose qui me nourrirait, me permettrait de comprendre ce que j'ai vécu. Je l'avais lu à 18 ans, à l'époque je n'avais pas trouvé ça très intéressant. Mais là, ça a été lumineux... Ce mec, quand il écrit le *Discours* en 1549, il a 18 ans et c'est incroyable, j'ai trouvé que le fonctionnement de la majorité municipale était très bien décrit. Il donne les ressorts de la servitude. Pour lui elle s'oppose à la liberté qui est dans la « nature » même de l'humain. La servitude pour lui est toujours « volontairement » acceptée ou admise et cela par trois mécanismes : l'habitude (c'est comme ça ma brave dame, y a les forts et les faibles !), l'imagination (c'est-à-dire la porte ouverte à la manipulation) et la corruption. Ici, le terme doit être pris dans son acception générale, c'est-à-dire de tous les avantages qu'il y a à être élu, financiers pour certains mais surtout psychologiques. Tu te sens quelqu'un quand t'es élu, et ça c'est pas rien. Par exemple, avant d'avoir ce statut d'élu je ne parlais jamais à la presse... Je reconnais qu'il y a du plaisir à sentir que t'as ce petit pouvoir. Quand un journaliste te dit « Oui ça m'intéresse de vous écouter », tu te dis « Ah tiens tout d'un coup on s'intéresse à ce que je dis » même si tu dis la même chose qu'avant. Par ailleurs,

La Boétie l'écrit en l'appliquant à tous les pouvoirs et à la société en général. Une révolution c'est quand une grande partie du peuple s'émancipe de cette servitude. Je ne peux que partager ce point de vue.

Quelques mois plus tard, Guy Tuscher et Bernadette Richard-Finot participèrent à la liste d'opposition de gauche à Piolle aux municipales 2020 intitulée « La commune est à nous ». Avec pour têtes de liste Bruno de Lescure et Marion Bottard, elle regroupait des piollistes déçus, des membres du NPA (Nouveau parti anticapitaliste), et quantité de visages souvent croisés dans les luttes locales. Est-ce dû à son entrée très tardive en campagne, à une communication ratée, à la force de la propagande piollienne, au coronavirus, à l'abstention énorme ? En tout cas, « La Commune est à nous » ne recueillit que 3,2 % des suffrages le 15 mars 2020.

Piolle, lui, avec 46,6 % au premier tour et 53,13 % au second tour, et malgré une abstention record de 65 %, ne se sentit plus pisser. Le groupe écologiste étant le plus important à la Métropole avec 39 élus, il voulut imposer son candidat Mongaburu, mais cette fois-ci tout ne se déroula pas comme prévu : le groupe affilié au Parti socialiste et le groupe des petites communes ne supportèrent pas son autoritarisme et son arrogance, et refusèrent de retirer leur candidat Christophe Ferrari. Au bout d'une dizaine d'heures de tractations politiciennes le 17 juillet, celui-ci se fit donc élire grâce aux voix de LREM (La République en marche) et de la droite. Les élus verts-rouges dénoncèrent dans un communiqué du 23 juillet « un déni démocratique profond instaurant une crise politique sans précédent au sein de l'institution ». Une bonne occasion de se plonger dans les méandres de l'institution métropolitaine.

un coup c'est la faute de la ville, un coup c'est la faute de la Métro... et jamais votre faute
je peux pas vous dire : je gère surtout ma carrière À LA VILLE et À LA MÉTRO
NON

CHAPITRE SEPT

LES BONS PETITS SOLDATS DE LA MÉTROPOLE

Et tout à coup, Éric Piolle vient s'asseoir à côté de moi. Je ne lui ai rien demandé, hein. Ça fait bien cinq ou six heures que je végète sur les sièges réservés au public lors des conseils métropolitains, l'équivalent des conseils municipaux à l'échelle de la Métropole.

Faut dire qu'il y a de la place autour de moi. Au début du conseil vers 10 heures ce 9 novembre 2018, on était quatorze dans le public. En début d'après-midi, juste après la pause repas à laquelle le public n'est pas convié, on n'était plus que trois. Après, c'est remonté un peu, entre six et huit, mais tous mes voisins avaient des gros dossiers avec eux, et pas vraiment la tête de « vrais » habitants : sûrement des salariés de la Métropole.

Éric Piolle, donc, le maire de Grenoble, se pose à mes côtés pour me féliciter : « Quel sacerdoce ! Vous avez bien du courage de vous infliger ça ! »
Pour une fois, je suis d'accord avec lui : s'il y avait un championnat du monde de résistance à la chiantise, le conseil de la Métropole serait une redoutable épreuve à traverser. Il y en a qui font les malins en courant pendant trente-trois heures pour boucler des ultra-trails, mais seraient-ils capables de supporter une telle affliction ? C'est comme un conseil municipal, mais encore plus chiant.

D'ailleurs, le public ne s'y trompe pas. Les conseils métropolitains sont aussi retransmis en direct sur YouTube. Je connais un « métrophobe » qui les regarde à chaque fois derrière son ordinateur. Pour cette séance, il m'assure avoir noté entre cinq et quinze « visionnages en cours » pendant la journée. Une semaine plus tard, la vidéo atteignait le nombre vertigineux de 130 vues. À l'échelle d'une métropole de 445 000 habitants, c'est quand même assez remarquable.
Bref, tout le monde se fout de ce qui est voté à la Métropole. Parce que ce n'est pas important ? Que si ! Loin de s'occuper seulement des poubelles, comme certains habitants le pensent encore, la Métropole a maintenant plein de compétences : l'aménagement du territoire, l'organisation des déplacements, la création de zones d'activité, la promotion du tourisme, le soutien à l'enseignement supérieur et à la recherche, la gestion de l'eau potable, la lutte contre la pollution de l'air et les nuisances sonores, les cimetières et le crématorium, la politique de la ville, le pilotage des pôles de compétitivité, certains équipements culturels, etc.

Et surtout, les métropoles ne sont pas au service des habitants mais servent les intérêts de l'économie régnante.

Êtes-vous déjà tombés sur une manifestation « pour une métropole » ? Avez-vous déjà vu des habitants se regrouper, pétitionner, militer sous une bannière : « Une commune c'est minable, une métropole c'est formidable » ?

Moi non plus. La création des métropoles résulte de la volonté de l'État et des puissants.

Le promoteur de ce montage technocratique est l'État, et il en est le grand gagnant : les énormes intercommunalités que sont les métropoles lui permettront une meilleure gestion de la population. La « métropolisation » est un élément de la fameuse décentralisation, dont l'enjeu n'est pas d'affaiblir le rôle central de l'État tentaculaire mais au contraire de faire croître ses tentacules partout sur le territoire. Pour parvenir à ses fins, il est même prêt à utiliser des « pouvoirs spéciaux », comme ça a été le cas dans la création de la Métropole de Grenoble : « L'intercommunalité nouvelle vient d'arriver. Ou du moins, celle que le préfet de l'Isère souhaiterait voir se dessiner d'ici 2014. [...] Ces mariages intercommunaux ne font pas sourire tout le monde. [...] Le préfet pourra utiliser, en 2013, des pouvoirs spéciaux qui lui permettent de passer outre, explique-t-on à la préfecture. Mais on n'en est pas là. » (*Le Daubé*, 6/01/2012)

L'intérêt de l'État pour la métropolisation, c'est de réorganiser son territoire pour être plus compétitif dans la nouvelle guerre mondiale – plus connue sous le nom de « mondialisation ». Cette concentration géographique des facteurs de production accélère la « fracture territoriale », comme l'explique Laurent Davezies, auteur de *La Crise qui vient. La nouvelle fracture territoriale* (Seuil, 2012) : « L'avenir de la compétitivité des pays industriels se trouverait donc dans des grandes villes toujours plus denses et fluides, et de moins en moins dans les territoires périphériques ou diffus. [...] C'est aussi l'avènement de la notion de "métropole", comme forme d'organisation à même de mobiliser les gains d'efficacité vitaux pour la croissance. Le corollaire de cette nouvelle doctrine est que les territoires "périphériques" (villes petites et moyennes, monde rural, régions en retard de développement sont voués à "décrocher". » Ainsi Christian de Saint-Etienne, économiste au CNAM (Conservatoire national des arts et métiers), salarié du ministère de l'Enseignement supérieur – donc stratège de l'État –, explique dans *Le Journal du dimanche* (13/05/2013) qu'« il faut repenser nos villes en Grand Paris, Grand Lyon ou Grand Grenoble, capables de rivaliser avec un Grand Londres et un Grand Berlin. [...] La France a deux moteurs économiques naturels, le Grand Paris et le Grand Lyon-Grenoble. C'est la vraie colonne vertébrale du pays, la manivelle qu'il faut tourner pour faire repartir la France. »

L'État compte sur les habitants du « moteur économique » du « Grand Lyon-Grenoble » pour tourner la manivelle et être des bons petits soldats qu'on envoie au champ de bataille de l'attractivité économique. Pour les autres, habitants de la montagne ou des campagnes éloignées, il ne vous reste plus qu'à immigrer dans la grande métropole. Aujourd'hui, on gère les territoires comme des entreprises, il faut donc croître ou mourir.

Cette mobilisation générale pour la grande guerre de la compétitivité recueille un consensus politique quasi général. « À l'heure de la mondialisation et alors que les grandes villes, en termes de population et d'attractivité, prennent de plus en plus de poids, certains pensent qu'il faut revoir nos schémas de territoire. "Vu depuis l'Asie ou les États-Unis, quel poids peut avoir le pays du Voironnais tout seul ?", lance Michel Savin, conseiller général UMP [Union pour un mouvement populaire, devenu LR]. » (*Le Daubé*, 16/10/2009) Depuis des milliers d'années, le Voironnais-tout-seul n'a eu aucun poids « vu depuis l'Asie ou les États-Unis », mais jusqu'à preuve du contraire, cela n'a pas plongé ses habitants dans la déprime. S'il doit aujourd'hui se soucier de son aura internationale, c'est pour se plier aux dogmes libéraux de la compétition économique de tous contre tous, que les autorités locales – qu'elles soient PS, LREM, LR, RN, ou EELV – acceptent sans rechigner.

Revenons à nos moutons et à leur chien de garde : si Piolle a pu venir tranquillement s'asseoir à côté de moi, c'est qu'il ne parle pas souvent. Cette séance du conseil métropolitain du 9 novembre 2018 est menée par Christophe Ferrari, maire de Pont-de-Claix et président de la Métropole depuis 2014, à la tête d'une coalition réunissant socialistes, communistes, écologistes et maires de petites communes. Pendant des heures, il présente des délibérations, donne la parole à Bidule et à Truc, enchaîne les « Qui s'oppose ? Qui s'abstient ? Adoptée. », insensible à cet ennui profond qui se dégage de ces heures d'abattage démocratique. Les 124 élus présents, les dizaines de salariés (membres du cabinet, directeurs généraux, etc.) sont tous un peu dispersés ; certains font des allers-retours à la machine à café, d'autres *scrollent* sur leurs tablettes. Quelques têtes semblent en mode veille, le regard un peu perdu, à attendre que ça se passe. Ferrari règne sur ce troupeau, sûr de lui et du bon déroulé de la séance : comme le groupe majoritaire est bien discipliné, toutes les délibérations sont adoptées, sans aucun suspense.

Je suis venu pour respirer ce fameux « esprit métropolitain », que certains élus voudraient « diffuser » dans toute la population. J'ai surtout compris que les simples habitants n'avaient rien à faire ici, même ceux qui poussent la porte. Ce 9 novembre, des habitants de la Villeneuve, un quartier de Grenoble, sont venus distribuer un tract dénonçant les plans cachés qui menacent leur quartier. L'ANRU (Agence nationale de rénovation urbaine), soutenue par la ville de Grenoble et la Métropole, envisage de démolir près de 475 logements, une ambition plutôt contradictoire avec la volonté affichée des élus de transformer ce quartier en « éco-quartier populaire »[16]. Détruire des logements en bon état, c'est

---

16. Je reviendrai sur ce sujet au chapitre 10.

pas franchement écolo et «en changer la population» – but affiché de ces réhabilitations – c'est pas non plus vraiment populaire.

Malgré leur présence, ce sujet n'a nullement été évoqué pendant le conseil métropolitain : un long débat a bien eu lieu sur «le projet de renouvellement urbain des Villeneuve dans la démarche ÉcoQuartier». La gauche s'enthousiasmant comme toujours pour ce futur éco-label, la droite et l'extrême droite soulignant comme toujours les échecs de la rénovation urbaine. Mais personne pour ne serait-ce qu'évoquer les questionnements des habitants présents parmi les rares membres du public.

Cet autisme n'empêche pas les élus métropolitains de travailler depuis dix-huit mois sur un «manifeste pour une cité métropolitaine». Un projet de texte est présenté à cette séance, «issu de 18 mois d'échanges, de débats, de réflexions partagées». Ce document de 36 pages a coûté «160 000 euros, sans les frais de personnel» selon l'opposition de droite. Qu'y apprend-on? Que les élus métropolitains ont plein d'intentions très sympas afin de «faire métropole», du genre «l'intérêt qui doit toujours primer est celui de l'habitant» ou «les habitants sont les premières parties prenantes d'une gouvernance métropolitaine confortée». De belles paroles souvent incompréhensibles, comme cette longue phrase que je suis obligé de vous citer en entier tellement elle transpire la novlangue : «Notre engagement en faveur d'un développement inclusif, qui ne laisse aucun métropolitain isolé, durable et sobre, dans la continuité de nos engagements pour un territoire décarboné, et résilient, permettant à chacun de disposer des forces pour répondre aux défis de demain, doit être affirmé collectivement, et devra se traduire dans un avenir proche par des orientations fortes et des actions fermes».

Des orientations fortes? Des actions fermes? Rassurez-vous, ils ne précisent rien et restent dans la stratosphère de leurs déclarations d'intention creuses. C'est ce que la Métropole produit de mieux, notamment sur les sujets primordiaux de la pollution et des conditions de vie dans la cuvette. On ne compte plus les « plans air énergie climat », les « déclarations relatives » et autres grandes résolutions sur la très floue « transition ». Sans jamais s'interroger sur la contradiction entre la nécessaire décroissance énergétique et la raison d'être de la Métropole : grandir toujours pour attirer toujours plus d'investisseurs internationaux.

Les élus verts n'ont jamais été critiques sur la création des métropoles. Pendant la campagne des municipales de 2014, ils ont juste fait semblant de s'y opposer en organisant une conférence de presse où ils se sont auto-bâillonnés devant le siège de la Métropole pour « dénoncer le fait que la Métropole est considérée comme une "nébuleuse" par les Grenoblois ».

J'ai profité de la présence d'Éric Piolle à mes côtés pour lui demander comment il pouvait défendre ces structures technocratiques. Il avait visiblement oublié cette posture de campagne et m'a répondu comme il sait si bien le faire, sur le ton de l'évidence, « économies d'échelle », « mutualisations », « intelligence collective », comme si on ne pouvait pas avoir un autre avis, comme s'il n'y avait pas d'alternative à ce modèle de croissance territoriale. Cette fois-ci aussi, j'espérais des failles, des doutes et faire « poser le masque à cette âme hypocrite », comme y parvient Elmire dans *Tartuffe*. Mais cette fois-ci encore, je n'obtins que de la langue de bois.

Au moment de la « guerre des gauches » pour le contrôle de la Métropole en juillet 2020, le maire de Grenoble ira jusqu'à dire : « Cette métropole est un cheval de course et Christophe Ferrari choisit de la transformer en baudet pour continuer de la chevaucher. » (France 3, 17/07/2020) « Un cheval de course » ? Pour aller plus vite dans le mur de la mondialisation et de la guerre entre les territoires ?

Certains élus «rouges» ont été un peu réticents au moment du passage en Métropole en 2015. Mais s'ils ont un peu critiqué, ils se sont bien vite résignés au gros bordel qu'a engendré cette course à l'attractivité des territoires : Daniel Bessiron (du Parti de gauche d'Échirolles), par exemple, s'est insurgé contre ce «diktat de Bruxelles», «la concurrence entre territoires, au détriment d'autres villes, et surtout d'autres citoyens» avant d'affirmer que «nous n'avons plus le choix» (*Le Daubé*, 21/10/2014).

Affirmer qu'on n'a pas le choix, c'est la mort du politique, et c'est pourtant le principal avantage des métropoles pour tous les puissants. «J'y peux rien, c'est la Métropole» est devenu la dérobade la plus usitée des maires de la cuvette qui s'émeuvent à l'occasion de leur perte de pouvoir. Loin de nous l'idée de les plaindre : la plupart d'entre eux ont voulu la Métropole, et en tout cas ils n'ont rien fait contre. Le problème, c'est surtout la perte de pouvoir des simples habitants, qui doivent faire face à une usine à gaz administrative de plus. Pendant que les guignols municipaux s'agitent sous nos yeux, les requins métropolitains avancent dans l'ombre. Il y a bien ce théâtre du conseil communautaire auquel je suis venu assister mais on voit bien, on sent bien que ce n'est pas là que se construisent les dossiers. Dans la remarque de Piolle sur le «sacerdoce» de s'infliger ça, je percevais que sans langue de bois, il aurait tout aussi bien pu me dire «mais qu'est-ce que vous foutez-là ? C'est inintéressant, ces séances, ça ne sert à rien. Vous êtes quand même pas naïfs à ce point ? Les dossiers, ils avancent dans des bureaux sans public, derrière des portes fermées, loin des fouille-merdes, alors laissez tomber, vous n'allez rien avoir d'intéressant en moisissant douze heures sur ces fauteuils.»

Moi, j'y allais pour trouver des pistes d'éclaircissement de tout ce merdier métropolitain. Parce que faut bien avouer que je n'arrive pas à suivre. Pourtant je m'en fade de la presse locale, des *tweets* compulsifs, des vidéos YouTube, des discussions de comptoir. Mais ce qui se passe à la Métropole reste toujours obscur, nébuleux, insaisissable, et surtout : chiant. Comme ce conseil communautaire du 9 novembre 2018. Alors je me détourne vers des sujets plus faciles et les laisse magouiller en paix.

D'autres ont plus de pugnacité. Juste avant les municipales, l'« atelier de bricolage pour la construction d'un esprit critique à Grenoble » Pièces & main d'œuvre, dit PMO, a publié en ligne un pavé intitulé *Retour à Grenopolis, Tout ce que nous cachent les élections municipales*.

Si je me suis mis à écrire et à m'intéresser à ce qui se passe dans la cuvette, c'est beaucoup grâce à PMO, qui dans les années 2000 faisait feu de tout bois contre le développement de la technopole grenobloise. J'avais à peine 20 ans quand un de ses membres m'a chargé d'une « enquête » et transmis quelques bases de leur méthode de travail. À savoir accumuler pendant des années une énorme revue de presse sur des sujets ciblés avant d'en tirer une analyse critique. Pour ce faire, il faut avoir quelques talents d'archiviste : tous les jours découper des articles du *Daubé* et d'autres journaux, les classer, et les laisser mûrir jusqu'à que le sujet devienne conséquent et pertinent.

J'ai pas ce talent et la rigueur me manque. Les ciseaux, les classeurs et les étiquettes, ça a jamais été mon truc. Alors *Le Daubé*, je le découpe un peu, mais après je range mal et quand je cherche un article, je ne le trouve plus. Et puis j'aime trop aller dehors, parler avec des gens, pour privilégier ce genre de boulot.

C'est pourtant ce qui peut permettre de percer le brouillard opaque de la Métropole. Dans ce gros pavé *Retour à Grenopolis*, PMO raconte à partir de cette fameuse revue de presse l'évolution de la métropole sous le mandat 2014-2020, depuis que la gauche verte-rouge est au pouvoir. Où l'on apprend que la métropole est utilisée comme « paravent de l'anti-écologie de Piolle » et qu'elle impose « l'accélération, l'extension et l'intensification brutales de la machinerie urbaine, sous couvert de "transition écologique et numérique", de "technologie verte" et de "rationalisation administrative et économique". La transformation de Grenoble, de la Métro, du Pays voironnais, du Grésivaudan et jusqu'à l'Oisans, presque, en Grenopolis, un seul et même pôle urbain, créé et structuré par ses réseaux de transport et d'énergie. »

Avant l'accession des élus verts-rouges au pouvoir, dans le « monde d'avant » les dirigeants de la Métropole grenobloise défendaient ce machin de manière décomplexée en parlant attractivité, puissance, rayonnement.

Dans le « monde d'après », on utilise plus ces gros mots, on parle plutôt de « métropole en transition » voire de métropole « solidaire », « inclusive », « participative », que de beaux oxymores. Ils aimeraient faire croire à une métropole humaine, œuvrant pour le bien commun, sans aucun enjeu de compétitivité et d'attractivité.

Et pourtant, qu'ont-ils fait en six ans de responsabilité, si ce n'est la même chose que les autres ? On a déjà vu que les verts-rouges adoraient, comme les macronistes, se prétendre « du nouveau monde » ou « en avance ». Le nouveau nom du groupe des élus écolos, insoumis et communistes à la Métropole est éloquent : il est baptisé UMA, pour « Une métropole d'avance ». Un nom qui coule de source : la principale valeur ajoutée de ces élus, par rapport à ceux de l'ancien monde, est d'être en avance, c'est-à-dire de faire la même chose que tous les autres, mais un peu plus tôt. La métropolisation étant le nouveau processus où s'épanouissent tous les assoiffés de pouvoir, complexifiant sans cesse la vie démocratique locale et éloignant toujours plus le simple habitant des centres de décision, quoi de plus normal pour les technocrates du futur que de revendiquer « une métropole d'avance » ?

Mongaburu, le candidat malheureux de ce groupe à la présidence de la Métropole, est la caricature de cette nouvelle génération de politiciens, œuvrant à amplifier les transitions entre l'ancienne technocratie et la nouvelle technocratie. Dans le numéro 57 (octobre 2020), je lui ai consacré un portrait racontant comment il était avant tout un « technocrate d'avance ».

Après un parcours « classique » de syndicaliste lycéen puis étudiant – mais à Fac Verte, pas à l'UNEF (Union nationale des étudiants de France) – il est devenu attaché de groupe des élus écolos de la ville de Grenoble en 2008. Être larbin de politicien, voilà un job idéal pour appréhender les « processus de décision » et les magouilles inhérentes à la culture du pouvoir. À l'époque, il claironnait qu'il n'était « pas de gauche » et défendait avec certains militants verts la possibilité d'une alliance avec le centre, « l'écologie ni de gauche, ni de droite ». Rappelez-vous : Sarkozy venait d'être élu, l'ère était au débauchage généralisé, deux anciens secrétaires nationaux des Verts (Jean-Luc Benhamias et Yann Wehrling) venaient de rejoindre le Modem de Bayrou. Depuis, la liste s'est allongée, en direction de Macron cette fois : Laurence Vichnievsky (juge qui a longtemps travaillé avec Eva Joly), Pascal Durand (secrétaire EELV en 2012 il était venu soutenir la candidature de Piolle en 2014), Pascal Canfin (ancien ministre EELV) ont rejoint LREM.

Après une candidature ratée aux législatives de 2012, la carrière de Mongaburu a véritablement décollé en 2014. À trente ans, c'est lui qui a négocié pour Piolle le contrat de mandature de la Métropole avec le socialiste Ferrari. En quelques mois il est devenu un des technocrates les plus puissants de la cuvette, en cumulant les postes de conseiller municipal grenoblois à l'intercommunalité, de vice-président de la Métropole chargé des déplacements et de président du SMTC (Syndicat mixte des transports en commun).

Au fil des mois, sa tête apparaît de plus en plus dans les médias locaux, inaugurant ici une nouvelle piste cyclable, présentant là un nouveau plan de déplacement, causant souvent de projets à dizaines de millions d'euros. Il dispose certes d'indemnités non négligeables (41 455 euros annuels bruts, soit environ 2 700 euros net par mois, selon les chiffres de la mairie de 2016), mais les technocrates du futur sont moins motivés par l'argent que par le pouvoir. Celui de « changer les habitudes » et de « transformer les territoires ».

Les transports sont les vaisseaux sanguins de la Métropole : sans eux, pas de déplacements, donc pas d'économie qui tourne. Il faut donc organiser, planifier, innover : voilà le cœur de métier de tous les technocrates. Mongaburu fait donc le job, même si, comme le remarque Pièces & main d'œuvre dans *Retour à Grenopolis* : « Si ce n'était lui, ce serait un autre, comme avant lui et après lui, mais il se trouve que c'est lui et qu'il se donne beaucoup de mal pour faire ce que n'importe quel autre ferait à sa place, peu ou prou, tôt ou tard – n'importe quel autre technocrate s'entend – soumis au primat de l'efficacité technicienne, en vue de la croissance et de la puissance matérielles. »

Une sentence injustifiée pour un politicien prétendant représenter le « nouveau monde » ? Les principaux actes de Mongaburu pendant ses six années de toute puissance ont montré qu'il n'a fait qu'inscrire son action dans le sens du vent métropolitain.

Notre technocrate d'avance a travaillé dur, notamment en dirigeant la rédaction de pavés complexes pour organiser les transports, comme le PDU (Plan de déplacements urbains). Pour faire aboutir cet « outil de planification » ayant pour but « d'anticiper les évolutions de tous les modes de déplacements », les citoyens ont été mis à contribution : « La Métropole c'est vous ! » annonce fièrement le site du SMTC, en les incitant à s'intéresser à ces plans bien trop obscurs pour tout citoyen non « professionnel ». Le PDU fait 609 pages, et à part Mongaburu et quelques élus et salariés spécialisés, il y a fort à parier que personne ne l'a entièrement lu. À l'intérieur, rien de très original, si ce n'est l'habituel couplet sur les « mobilités plus vertueuses, plus sobres et plus accessibles ». Qui aujourd'hui pourrait défendre l'inverse ?

Les autres plans promus par Mongaburu sont les PDE (Plans de déplacements d'entreprises), dont il est également très fier : « Avec 270 PDE, nous sommes un des territoires les mieux pourvus. Pour la rentrée, nous avons fait le choix de passer à une nouvelle étape avec des "PDE 2.0", car la loi sur la transition énergétique prévoit leur transformation en plan de mobilité au 1er janvier 2018. Depuis l'an dernier, nous avons pris l'initiative avec une dizaine d'entreprises de réaliser cette transition avec un temps d'avance. » (Journal de la journée de la mobilité durable, 2016) Encore une illustration de la plus-value des technocrates du futur : faire ce que font tous les autres font « avec un temps d'avance ».

Ce « temps d'avance » permet « en même temps » de goudronner de nouvelles pistes cyclables, de donner carte blanche à AREA pour faire passer l'autoroute A480 de deux à trois voies et de développer un téléphérique urbain baptisé Métrocâble. Une liaison aérienne entre Fontaine et Saint-Martin-le-Vinoux passant par l'incontournable Presqu'île scientifique de Grenoble, que personne n'a jamais demandé et qui, malgré son coût pharaonique (quatre fois plus cher que le tramway), a avant tout pour but de produire de belles images de Grenoble comme d'une ville innovante à la pointe des transports du futur. « Les acteurs économiques y voient un enjeu d'attractivité économique, un enjeu de dynamisme territorial, de marque territoriale pour reprendre les mots de certains », se vante Mongaburu au conseil métropolitain du 2/02/2016, en défendant l'utilisation de 66 millions d'euros d'argent public pour ce joujou destiné à faire croire aux cadres qu'ils ne polluent pas en allant au boulot. Comme les nouvelles lignes de bus ou prolongement de ligne de tram qu'il promeut, ce nouveau téléphérique va avant tout permettre à la métropole grenobloise, toujours obsédée par « l'attractivité du territoire », d'attirer toujours plus de monde, donc de construire plus de logements et plus de zones commerciales et industrielles. Et pourtant « Grenoble ne peut pas accueillir tous les ingénieurs du monde », comme nous avions titré le nº 39 du journal.

« Nous avons 10 ans pour relever le défi des mobilités décarbonées avec 6000 nouveaux habitants et 5000 nouveaux emplois à venir sur cette zone, soit autant de personnes qui auront besoin de se mouvoir » explique toujours Mongaburu à propos du Métrocâble (*L'Essor*, 29/06/2020), qui desservira les derniers champs agricoles de la cuvette bientôt urbanisés.

Ici, c'est Grenoble !, où le développement des transports en commun sert avant tout à faire couler du béton. Pendant que la cuvette sature d'attractivité du territoire, Mongaburu endort tout le monde en expliquant que « le grand projet c'est de passer d'une logique de transports à une logique de mobilité. Cette agglomération a eu pendant longtemps un temps d'avance par rapport aux autres grandes villes françaises, il ne faut pas s'endormir sur nos lauriers car beaucoup de choses peuvent encore et doivent être faites. » (*L'Essor*, 12/06/2014)

Pour continuer à disposer de ce « temps d'avance », il faut également multiplier les « innovations » technologiques. En 2015, « Grenoble est ainsi la première ville de France à tester ce paiement sans contact [dans les transports en commun], à l'étranger, Londres le fait déjà. C'est facile et pratique. » (*Le Daubé,* 28/09/2015) Après le paiement sans contact, le SMTC lance le paiement avec son smartphone ou en envoyant un SMS. Ces nouvelles possibilités vont « nous faire sortir du XXe siècle » assure Mongaburu au *Daubé* (29/01/2016). « "Nous sommes toujours à l'affût des innovations technologiques permettant de simplifier les déplacements des usagers", se félicite Yann Mongaburu, président du SMTC.» (*Le Daubé*, 3/12/2017) Mais ça ne s'arrête pas là : afin de prévoir « l'intermodalité avec les territoires voisins », Mongaburu défend dans *Le Daubé* (2/02/2018) la généralisation de la carte régionale *Oura !* « C'est un pari sur le numérique pour utiliser toutes ses possibilités, c'est aussi un choix de société. » À l'heure de la numérisation généralisée et de la prochaine impossibilité de vivre sans portable, ce « choix de société » est au moins aussi audacieux que celui de la vidéo-verbalisation réclamée avec succès par Mongaburu et Piolle afin de contrôler la voie de covoiturage de l'autoroute agrandie.

Dans *Retour à Grenopolis*, Pièces & main d'œuvre prévoit la suite de ces manigances : « Petit Président deviendra gros. Puis, quand les Grenopolitains seront familiers de cette nouvelle échelle de pouvoir, il suffira de transformer "l'autorité organisatrice unique des mobilités" en Mégapole, dont une nouvelle loi d'aménagement du territoire ne manquera pas de définir les contours. Fait notable : les élus de tous bords sont unanimes au SMTC comme au Conseil départemental. Tout juste nos technocrates se chicanent-ils sur les modalités de cette unification – le comment – le pourquoi étant indiscutable ».

Bref, Mongaburu a passé ses six dernières années à s'activer pour faire avancer la Métropole dans le sens de l'Histoire, c'est-à-dire celui de la croissance, de la numérisation et de l'éloignement des centres de décision. Aucune rupture avec les politiques passées, si ce n'est ce fameux « temps d'avance ». « Nous avons passé un mandat dont nous pouvons être fiers, très collectivement » confie Mongaburu à France Bleu Isère (30/06/2020) pour justifier son alliance passée avec le socialiste Christophe Ferrari. S'il veut prendre le leadership en 2020, c'est parce qu'il y a selon lui « besoin d'une nouvelle énergie », à savoir la sienne. Piolle a, lui, défendu la candidature de son poulain avec des arguments d'autorité comme : « En 2014 j'ai soutenu Christophe Ferrari car il était la bonne personne à ce moment-là. Et aujourd'hui nous pensons que Yann Mongaburu est le mieux à même de mener cette mission. » (France Bleu Isère, 17/07/2020)

Rien sur le fond, ou à propos de différentes visions de la Métropole. C'est que pendant ces six dernières années, aucun différend politique métropolitain entre ces deux camps – la « vieille » gauche, PS et affiliés, et la « nouvelle », EELV, Insoumis et compagnie –, n'a été porté sur la place publique. Ils ont tous voté avec le même enthousiasme le PLUI (Plan local d'urbanisme intercommunal) qui entérine la poursuite de la diminution des terres agricoles, la reconduction du contrat avec la multinationale JCDecaux, le Règlement local de publicité intercommunal qui introduit la publicité numérique, etc.

Dans un article de *Mediapart* (17/02/2020), Simon Persico, politologue grenoblois piolliste, estime que « l'originalité de la majorité actuelle [de la ville de Grenoble] consiste à ne pas communier dans la course compétitive à laquelle participent les autres métropoles, obsédées par leur place dans la hiérarchie économique globale ». Si les élus verts-rouges communient moins dans la « course compétitive », c'est parce que ses ressorts sont maintenant au niveau métropolitain, et là-dessus aussi il n'y a pas eu de controverses, de l'élection d'une vice-présidente à « l'attractivité » en septembre 2020, à la présence chaque année de la métropole grenobloise au salon Mipim de Cannes, le « plus grand marché international des professionnels de l'immobilier ».

La seule polémique a concerné le futur méga-centre commercial Neyrpic à Saint-Martin-d'Hères, dont les écolos ne voulaient pas, mais qui a finalement été soutenu par la Métropole.

Une petite brouille qui a l'air d'être dépassée : pour l'élection à la présidence de la Métropole en juillet 2020, le groupe de Mongaburu Une métropole d'avance, s'est allié avec celui des communistes, dont fait partie le maire de Saint-Martin-d'Hères David Queiros, grand défenseur du projet Neyrpic. « Il n'est plus temps d'opposer l'économie à l'écologie, mais de les marier » sermonne Mongaburu dans sa déclaration de candidature à la présidence de la Métropole. Un mariage contre-nature déjà célébré lorsque ces élus ont tous validé en 2019 le projet de la multinationale Klépierre d'agrandissement du centre commercial Grand Place de plus de 16 000 m² (40 % de surface en plus pour 2 millions de visiteurs supplémentaires attendus, soit presque autant que Neyrpic).

Si les deux camps se sont déchirés pendant le conseil métropolitain du 17 juillet, ils se sont finalement réconciliés à celui du 18 septembre 2020 en se partageant les vice-présidences. Avant de se brouiller de nouveau la semaine suivante à propos d'un recours juridique. Si presque tous les jours il y a un nouvel épisode à la « guerre des gauches » dans la Métropole grenobloise, il n'a jamais été question de désaccords sur des projets ou sur les politiques à mener. Car la seule lutte que les technocrates n'abandonnent jamais, c'est la lutte des places.

Cachez ces pubs que je ne saurais voir

CHAPITRE HUIT

MULTINATIONALES, MON AMOUR

Robert de Jouvenel, un journaliste du début du XXe siècle, a écrit il y a bien longtemps : « Il y a moins de différence entre deux députés dont l'un est révolutionnaire et l'autre ne l'est pas, qu'entre deux révolutionnaires, dont l'un est député et l'autre ne l'est pas. » Une maxime qui colle très bien avec l'équipe de Piolle depuis qu'elle a acquis la « culture du pouvoir ».

Avant qu'ils soient élus, ils étaient bien souvent du côté des grévistes et des mouvements sociaux ; ou du moins faisaient-ils semblant. Depuis, ils doivent faire face et ont donc adopté les éléments de langage correspondants. Dès le début de leur mandat, en octobre 2014, ils ont vite pris le pli de la novlangue des gouvernants. Ainsi, lorsque les salariés municipaux ont fait une assemblée générale puis se sont mis en grève, début octobre 2014, Maud Tavel, alors adjointe au personnel, a copié-collé toutes les expressions des pouvoirs confrontés à un mouvement social. Florilège : « ils ont des raisons d'être inquiets », « nous avons écouté les revendications », « je comprends l'inquiétude, mais... », « les agents ne doivent pas être pris en otage » (*Le Daubé*, 11/10/2014).

Le paroxysme de cette adoption des « bonnes manières » a été atteint à la suite du coup de force des salariés de GEG au conseil municipal du 20 octobre, qui nécessite un petit détour pour être remis dans son contexte.

Car quelques mois après leur arrivée au pouvoir, une première grosse polémique a éclaté.

J'avoue que ça n'a pas dû être confortable. Imaginez : vous êtes une équipe municipale censée incarner « l'autre gauche », vous avez fait campagne « pour des services publics locaux », en affirmant que « la démonstration a été faite que la gestion directe était plus efficace que le partenariat avec le privé », vous êtes aux manettes depuis six mois, scrutés par tout un tas d'observateurs et de militants, et tout d'un coup, patatras : suite à un appel d'offres, l'éclairage public de votre commune, géré depuis 1851 par la société d'économie mixte « maison » Gaz électricité de Grenoble (GEG), passe au privé. En l'occurrence à Citéos : une filiale du géant du CAC 40 Vinci, alliée pour le coup avec une autre multinationale, Bouygues (pour simplifier, je dirai Vinci dans la suite du texte). Forcément, ça la fout mal.

Alors il a fallu développer des trésors de rhétorique ; faire porter la faute à l'ancienne majorité, qui avait rédigé l'appel d'offres deux ans auparavant ; accuser également l'ancien maire Carignon, qui, trente ans auparavant, avait privatisé la régie municipale Gaz électricité de Grenoble (GEG) en la transformant en SEM (Société d'économie mixte) et en en vendant la moitié à GDF-Suez ; dénigrer la SEM GEG en la traitant de « groupe privé qui n'a rien à voir avec le service public » (la ville de Grenoble détient quand même 51 % des parts) ; insister sur les dividendes des actionnaires et la retraite chapeau du président de GDF-Suez ; affirmer que choisir entre GDF-Suez et Vinci, c'est comme choisir entre la peste et le choléra.

Et surtout il a fallu tenir une ligne de défense : on n'a pas le choix, version dérivée du célèbre *There is no alternative* thatchérien.

Une position que ne partage pas Sophie, déléguée CGT à GEG, en première ligne du combat contre le passage de l'électricité à Vinci. « Bien entendu qu'ils avaient le choix ! Cet été, nous savons avec certitude que le dossier d'appel d'offres de l'éclairage public était sur la table du maire. Ils ont décidé, fait un choix politique délibéré de maintenir l'appel d'offres alors qu'ils auraient pu y réfléchir à nouveau, l'arrêter. Ils ont pris le risque que cela soit le 100 % privé Citéos-Vinci-Bouygues qui gagne l'appel d'offres alors même qu'ils dénonçaient ce risque en 2012 lors du lancement de la procédure par la précédente majorité. »

Pour faire comprendre aux élus qu'ils avaient le choix, les salariés de GEG se sont donc donné du mal. Ont envahi le conseil d'administration de GEG et ont mis la pression sur son président Vincent Fristot. Ont réalisé des communiqués de presse, banderoles, stickers. Ont manifesté dans la ville jusqu'à la mairie le jour de ce fameux conseil municipal du 20 octobre, où Éric Piolle les a reçus juste avant cette séance qui devait entériner le choix de la commission d'appel d'offres – et donc confier la gestion de l'éclairage public à Vinci pour les huit prochaines années. Sophie raconte : « Le maire nous a reçus pour nous dire "vous pouvez intervenir et lire votre déclaration en conseil municipal mais ça ne sert à rien, tout est bouclé, on va délibérer ce soir". Un tel mépris, devant quatre cents personnes inquiètes pour leur avenir, ça a forcément excité.» Alors, les salariés de GEG ont décidé d'«exposer» leur savoir-faire : les plombs sautent, le conseil municipal est plongé dans le noir, des salariés rentrent en force dans la salle et un cercueil, représentant GEG, est posé sur la table du maire – qui décide finalement d'annuler la séance.

Cette action a conduit à annuler le conseil municipal et a contraint la municipalité à avouer qu'elle n'était pas obligée de valider l'appel d'offres comme elle le prétendait.

Mais les élus verts & rouges ont été bien peu reconnaissants de cette action nécessaire. Au contraire, ils sont montés sur leurs grands chevaux pour dénoncer cette «intrusion inadmissible» et les «pressions envers l'institution publique». La semaine d'après, Éric Piolle a introduit le conseil municipal en faisant une déclaration très solennelle. Extraits : «Je tiens à vous faire part au nom de la majorité municipale et de très nombreux Grenoblois qui nous en ont parlé cette semaine de notre condamnation claire et nette du coup de force qui a empêché la vie démocratique de mener à bien ses activités. Car c'est bien d'un envahissement inacceptable dont il s'agit, qui a choqué les élus, les agents de la ville qui étaient à nos côtés, un événement qui a mis mal à l'aise un très grand nombre de nos concitoyens. [...] Sur le fond, aucune cause, aussi légitime soit-elle, et nous savons tous ici que les inquiétudes des salariés méritent réponse, n'autorise que l'on saborde les institutions de la République. Sur ce point je ne ferai jamais d'amalgame entre la vitalité citoyenne, qui est l'une des forces de notre ville, celle qui respecte le cadre ; et les coups de force et les intimidations sur les personnes. Entre ceux qui font vivre le débat public et ceux qui veulent le faire taire, en paralysant volontairement le fonctionnement des institutions et des assemblées.»

Jouez violons, sonnez crécelles. Pour un peu, on aurait cru que la République venait de subir une nouvelle attaque des Vendéens. Faire annuler un conseil municipal, est-ce vraiment « saborder les institutions de la République » ? Est-ce que « respecter le cadre » signifie simplement ne pas contester la mairie ? Il faut vraiment être né de la dernière élection pour croire que les pétitions et autres « interpellations des élus » peuvent suffire à faire bouger des dossiers : pour instaurer un rapport de force, il faut bien souvent « sortir du cadre » et tous les ex-gauchistes devenus élus le savent bien. Quelques gestes un peu violents ont été commis lors de cette « intrusion », quelques personnes ont eu peur pendant quelques secondes, mais au final il n'y a eu ni blessé, ni dégât matériel grave. Une « sortie de cadre » assez gentillette somme toute, par rapport à la fameuse Journée des tuiles de 1788 (faisant figure d'événement pré-révolutionnaire), que l'équipe de Piolle célèbre depuis 2015 avec un gros événement festif annuel (voir le chapitre 4). En dramatisant excessivement le coup de force des salariés GEG, les élus verts & rouges sont, eux, en tout cas, bien rentrés dans le cadre.

Si le coup de force des salariés de GEG a permis de repousser de neuf mois la décision, l'éclairage a finalement été confié à Vinci, associé dans un « *cluster* lumières » à Soitec, une entreprise fabriquant notamment des LED, dont Piolle possédait des actions au même moment. Car il est vite apparu que, contrairement aux attentes de beaucoup d'électeurs, l'objectif politique principal de Piolle n'était pas de combattre les multinationales ou de défendre le service public mais d'aboutir à des résultats de bonne gestion éco-technicienne.

Pour l'éclairage public, la volonté de la nouvelle équipe municipale est avant tout de mettre en œuvre le Plan Lumière de la ville qui « fixe l'objectif de diviser au moins par deux la consommation d'énergie dédiée à l'éclairage public sur la commune de Grenoble à l'horizon 2022 (11,4 GWh en 2013, soit un coût actuel pour les Grenoblois de près de 1,5 million d'euros)». Réduire l'intensité et le coût de l'éclairage public? L'intention est louable. Mais cette petite ambition (il y a bien plus dispendieux comme gouffre énergétique, notamment la monoculture locale du high-tech) doit-elle être plus importante que la lutte contre les grands groupes privés?

Pour Piolle, la réponse est oui. Dans *L'Usine nouvelle* (28/11/2015), il explique pourquoi c'est important que la «transition énergétique» soit vue comme une «opportunité de business» : «Oui, il y a eu polémique, car c'est le consortium privé réunissant Vinci et Bouygues qui a gagné, mais je n'y vois pas d'inconvénient : la consommation électrique sera réduite de 50 %, la pollution lumineuse de 80 % et les coûts de fonctionnement de 50 %! Pour poursuivre l'action publique sur l'environnement, il faut la croiser avec l'action privée. Nous avons la chance d'avoir ici un secteur privé qui voit la transition énergétique comme une opportunité de business, de gros acteurs comme Schneider, des spécialistes de la microélectronique, des start-up, des artisans... Profitons-en!»

Pour faire quelques économies d'énergie sur l'éclairage public, Piolle est donc prêt à s'allier avec «Schneider, des spécialistes de la microélectronique, des start-up» dont le cœur de business est justement de faire toujours augmenter la consommation d'électricité en vendant toujours plus de gadgets connectés inutiles. Rien d'étonnant pour quelqu'un qui vient d'HP, mais fortement contradictoire avec les engagements pro-services publics de sa liste.

Car l'éclairage public n'a pas été le seul secteur touché par le recours bienheureux aux multinationales. La liste «Grenoble, une ville pour tous» avait promis (engagement n° 50) de «retirer au secteur privé la gestion des parkings». En octobre 2014, elle a fait l'inverse en confiant la délégation de la gestion du nouveau parking de l'Arlequin à EFFIA, filiale du groupe international Kéolis, alors que celle des anciens silos était auparavant assurée directement par la ville. Pourquoi ? Pour l'élue Claire Kirkyacharian, qui a défendu cette délibération : « Il s'est avéré que la gestion directe pour ce seul silo aurait été impossible à organiser d'ici janvier. D'une part, elle nous aurait demandé un effort financier immédiat important qui aurait comporté un risque supplémentaire du fait de la modification contractuelle. D'autre part, elle aurait pénalisé les habitants de la Villeneuve en retardant l'ouverture de plusieurs mois. » Il serait donc plus avantageux pour les habitants d'avoir tout de suite un parking régi par une boîte privée, plutôt que d'attendre encore quelques mois pour l'avoir en régie municipale. Et ce d'autant plus que ce choix s'accompagne d'une augmentation des prix de 100 % : pour un box fermé, le loyer passe de 30 euros à 60 euros. Interpellé dans la rue, un élu de la majorité, pas d'accord avec cette décision mais voulant rester anonyme, me raconte son trouble : « C'est vraiment bizarre. On a fait plein de réunions pour débattre de ça, mais certains poussaient vraiment fort pour confier la gestion à EFFIA. Les services ont même bidonné des chiffres grossièrement, pour faire croire que ça pourrait être un gouffre financier pour la ville. Au final, c'est le maire et certains élus qui ont imposé le choix d'EFFIA à tout le groupe. »

J'ai voulu en savoir plus sur ce qui a l'air d'avoir été un point de tension à l'intérieur de la majorité. Claire Kirkyacharian m'a expliqué par mail : « L'engagement que nous avons pris est de sortir l'ensemble des parkings grenoblois de la gestion privée, et ce en 2018. C'est toujours indéfectiblement notre cap. [...] La meilleure façon d'atteindre notre objectif est de ne pas faire passer ce seul parking en régie. Cela serait prendre le risque de ne pas pouvoir, à terme au sein de la métropole, sortir l'ensemble des parkings de la gestion privée. »

Cinq ans après ce mail, et deux ans après la date de 2018, l'ensemble des parkings grenoblois sont gérés par une SEMOP (Société d'économie mixte à opération unique), dont la moitié des actions appartient à EFFIA, et dont le directeur est l'ancien directeur d'EFFIA stationnement. L'ADES (Association démocratie écologie solidarité) a regretté le 5 avril 2019 que « la Métro soit maintenant intimement mariée avec la société "EFFIA stationnement" dans une SEMOP qui sera dirigée par l'actionnaire privé ». Mais si les élus verts-rouges n'étaient pas pour cette solution, et qu'ils ont voté contre lors du vote à la Métropole, ils ne se sont jamais exprimés publiquement ou battus contre cette privatisation. Claire Kyrkyacharian s'est par exemple abstenue lors du vote de l'avis de la CCSPL (Commission consultative des services publics) et notre technocrate modèle Yann Mongaburu n'a tout simplement pas siégé à cette même commission. Car la participation à une majorité métropolitaine implique une « solidarité de gestion » au détriment du respect de l'engagement de « retirer au secteur privé la gestion des parkings ».

Tous ces arrangements, ces négociations se déroulent en totale opacité, dans les secrets de la « culture du pouvoir », sans qu'il soit possible de savoir les enjeux des compromis trouvés entre collectivités locales et multinationales. C'est aussi vrai dans le domaine de l'urbanisme. En janvier 2014, en pleine campagne municipale, Piolle avait tenu une conférence de presse pour dénoncer un projet immobilier mené par BNP Paribas en regrettant : « La négociation avec les spéculateurs se fait derrière des portes fermées, pendant qu'on joue aux habitants une pièce de théâtre appelée "concertation" » (communiqué de presse de la liste « Grenoble, une ville pour tous » du 28 janvier 2014). Pour ce coup d'éclat médiatique, il avait également dénoncé la « cherté du logement à Grenoble liée notamment à la préférence quasi-systématique donnée aux banques et aux grands promoteurs » et avait rebaptisé la rue Villard-de-Lans du quartier Jean Macé « rue BNP Paribas » : « Ce nouveau nom met en relief les profits de cette banque réalisés grâce à la construction de 11 tours avec plus de 570 logements dans cette rue et vendus entre 3 500 et 4 500 € le m^2. »

Son élection au poste de maire lui a permis de se réconcilier avec BNP Paribas : en septembre 2015 il inaugure avenue Albert 1er de Belgique le « Central Plaza », un programme de 52 logements vendus pour certains pour la modique somme de 4 400 euros/m^2 et réalisés par… BNP Paribas Immobilier Résidentiel.

Outre BNP Paribas, Vinci est également passé du côté des gentils partenaires suite à l'élection des écolos. En octobre 2015, le maire a fêté le premier anniversaire de l'hôtel Okko. Un 4 étoiles qui avait été construit par Sas Vinci Immobilier et imposé en 2013 par la précédente municipalité Destot, en lieu et place de l'« équipement public structurant » (culturel, social, espace vert…) prévu dans le cadre des aménagements de la Caserne de Bonne (éco-quartier et centre commercial). À l'époque, cet arrangement avait fait couler beaucoup d'encre, particulièrement chez les Verts. « Le vrai défi que doit affronter Grenoble, ce n'est pas satisfaire une classe d'affaires qui bouge tout le temps et qui n'est pas impactée par le prix de l'immobilier, mais répondre aux vrais besoins des Grenoblois […] qui vont voir le prix du m^2 exploser » dénonçait Enzo Lesourt, futur conseiller spécial d'Éric Piolle, à l'aide d'une rhétorique sociale fleurant bon la campagne des municipales à venir. La critique de cette « classe d'affaires qui bouge tout le temps » a-t-elle constitué le sujet principal des conversations que Piolle a eues au cours du cocktail-dinatoire-anniversaire avec le président d'Okko Hôtels Olivier Devys ? On cherche toujours le compte-rendu de ces discussions « derrière des portes fermées ».

Je ne vais pas vous faire la liste exhaustive de tous les programmes immobiliers menés de concert entre la mairie et les grands groupes, toutes les modifications votées sur le PLU (Plan local d'urbanisme) afin de faciliter le travail des promoteurs et d'empêcher les recours des habitants, mais je propose que nous nous arrêtions juste sur le cas édifiant de Bouygues.

Avez-vous vu le film documentaire *Demain*, navet navrant ayant cartonné en salle en 2016 ? Éric Piolle et son équipe ont adoré cette œuvre promouvant beaucoup d' « alternatives » très compatibles avec le capitalisme et la fuite en avant technologique. Une des adjointes, Maryvonne Boileau, a proposé à l'ancien maire Destot d'aller voir ce film pour avoir un débat autour de leur vision de la ville. L'équipe municipale a même commandé une séance au cinéma Le Méliès pour montrer le film à certains salariés municipaux. Le réalisateur Cyril Dion et Éric Piolle sont copains comme cochons. Dans le film *Après demain*, la suite de *Demain*, le premier interroge le second dans une interview flagornante : on dirait un militant du PCF s'extasiant de rencontrer le Petit père des peuples dans la Grande patrie du socialisme des années 1930.

Mais loin des fleurs bleues et des ateliers numériques participatifs, l'alter-maire travaille au même moment au Grenoble de « demain » avec... la multinationale Bouygues. Les 23 et 24 février 2016, Piolle, Odile Barnola, sa directrice de cabinet, et son adjoint à l'urbanisme Vincent Fristot se sont rendus à Londres en compagnie de deux responsables du groupe immobilier Bouygues (Stéphane Slama-Royer et Laurent Blas) et deux autres de Linkcity, la marque de Bouygues pour les « quartiers durables ».

Le but : visiter Canning Town, le nouveau quartier de Londres « accessible et sécuritaire » livré « clé en main » par Bouygues avec ses équipements, ses espaces publics, ses commerces, ses logements... Au conseil municipal, Piolle a assuré que ce voyage avait été « évidemment financé par la Ville ». N'empêche qu'il a dû être organisé par le groupe du CAC 40, qui développe actuellement un immeuble « expérimental » sur le quartier de la Presqu'île. Ce « démonstrateur du concept développé par Bouygues ABC (Autonomous Building for Citizens) » se veut éco-innovant, presque autonome sur le plan énergétique, et à la pointe de la fameuse « transition énergétique ». Dans un « document confidentiel » sur le « projet ABC Grenoble » datant de 2015, on apprend ainsi que Bouygues prévoit de développer dans cet immeuble plusieurs « interfaces hommes-machines » pour « suivre les consommations de chacun des logements » ou « transmettre aux habitants les consommations ou données en temps réel ». Ces grandes ambitions coïncident avec celles du maire de Grenoble, qui « ne voit pas d'inconvénient » à travailler avec des multinationales. Ni à voyager avec quatre de leurs représentants pendant plus d'un jour et demi alors que la visite du quartier lui-même n'a duré que deux heures et demie (collation comprise). Le but de ce voyage était-il d'engager des discussions en vue de l'élaboration d'un futur « écoquartier de demain » construit et financé par Bouygues ?

Mystère et boule de gomme, car Piolle ne fera non plus aucun « récit » de ce moment passé avec les représentants de Bouygues. En 2020, Piolle répète sur Facebook (14/06) et dans quelques médias : « J'ai été cadre dirigeant dans l'industrie pendant 18 ans : on ne changera pas le monde en se fiant à la bonne volonté des grands patrons. Leur objectif : Freiner, Édulcorer, Récupérer. »

Ce discours de précampagne électorale ne correspond pas à ses actes de maire, et même à propos de sa décision la plus célèbre. Car il y a bien une multinationale avec laquelle on croyait la bande à Piolle définitivement fâchée : le publicitaire JCDecaux. En décembre 2014, l'éco-maire a réussi un des plus beaux coups de son mandat en annonçant la suppression partielle de la publicité dans les rues de Grenoble. C'est la principale réalisation de cette mairie, la seule que tous les écolos voulant s'inspirer du « modèle grenoblois » peuvent citer.

Mais même sur ce sujet, les récentes décisions de la métropole de Grenoble, où le groupe de Piolle peut défaire la majorité, vont dans le sens opposé. Le SMMAG (Syndicat des mobilités de l'aire grenobloise), alors présidé par Yann Mongaburu, a signé fin 2019 un contrat avec JCDecaux pour les douze prochaines années et le projet de RLPI (Règlement local de publicité intercommunal) est très conciliant avec les publicitaires.

Dans un communiqué (18/11/2019), l'association Paysages de France s'insurge : « Ce projet, sur de nombreux points, tourne le dos à tout ce qu'il faut faire en la matière, y compris au regard de l'urgence écologique. Un comble pour une métropole qui ambitionne d'être à la pointe du combat contre le dérèglement climatique et se propose de "relever le défi climatique" avec son plan air énergie climat. » Les griefs sont nombreux : autorisation de panneaux numériques JCDecaux (exposant les passants à vingt ou trente fois plus de pubs qu'un panneau classique) ; installation massive de panneaux lumineux sur les trottoirs ; abolition des mesures de protection instaurées par le Code de l'environnement dans le site patrimonial de Grenoble ou dans les périmètres de protection des monuments historiques ; autorisation des enseignes lumineuses sur toiture de 40 m^2 et 60 m^2 dans certaines zones, etc.

Paysages de France souligne la grande victoire obtenue par JCDecaux grâce au nouveau contrat avec le SMMAG et le projet de RLPI. « Quelle "carte de visite", en effet, que le nom de Grenoble ! Grenoble, la ville symbole de la lutte contre les effets délétères de l'affichage publicitaire. Grenoble, la ville symbole de la mobilisation en faveur de la transition écologique. Une "marque" que le n° 1 mondial de l'affichage publicitaire pourra, si rien ne vient en travers de cette machine infernale, continuer à exploiter à satiété. »

Pendant six mois, le président de Paysages de France a essayé de convaincre Piolle de renoncer à ce nouveau partenariat avec JCDecaux, avant de dénoncer Piolle, à la veille du second tour des municipales, comme étant « l'homme sandwich (et numérique) du n° 1 mondial de l'affichage publicitaire » : « Éric Piolle s'obstine. Les démarches, on ne peut plus courtoises et constructives du président de Paysages de France pour qu'il renonce à une pure folie se sont heurtées à un mur. Non seulement il a été impossible d'échanger avec lui, mais il a trouvé le moyen de se montrer d'une stupéfiante grossièreté. Éric Piolle veut de la publicité numérique sur les trottoirs de sa ville ! »

« Couvrez cette pub que je ne saurais voir
Par de pareils objets, les âmes sont blessées
et ça fait venir de coupables pensées. »

Pour crédibiliser son statut de dévot, le Tartuffe de Molière fait mine d'être choqué par le décolleté de Dorine et lui intime « couvrez ce sein que je ne saurais voir ». Le Tartuffe de Grenoble, lui, continue à faire croire qu'il est un ennemi de JCDecaux.

Pendant qu'un nouveau contrat est signé avec le publicitaire à la Métropole, Piolle fait le beau dans le magazine *Socialter* (octobre 2019) en affirmant que la suppression de la publicité est la « décision dont il est le plus fier ». Dans son bouquin *Grandir ensemble*, il pérore : « Tenir la promesse de la COP 21, c'est assumer de donner à la puissance publique le rôle de "bloqueuse de publicités". » L'arrêt de la publicité, c'était surtout un bon coup de pub' pour le héraut de « l'arc humaniste », qui mise sur ce genre de coup d'éclat pour se construire une image de résistant au capitalisme, alors que ses politiques sont totalement solubles dedans.

PROFESSION : START-UPPER
mmh, l'air est pur par ici
je pourrais en vendre !

CHAPITRE NEUF

RAISE PARTNER, LE PÉCHÉ ORIGINEL

Je ne suis pas un bon interviewer. Souvent atteint du fameux syndrome de « l'esprit de l'escalier », soit le handicap de ne penser à une réplique adéquate qu'après avoir quitté une discussion. Et puis surtout trop naïf. Ça m'est par exemple arrivé avec François Oustry. Le bougre m'avait reçu bien gentiment dans ses bureaux molletonneux de sa start-up Raise Partner et je me suis presque laissé charmer.

Le lien avec Piolle ? Il fait partie des cofondateurs de cette start-up, et sa femme Véronique Piolle fait partie des premiers salariés. Mais ça, avant notre article du n° 26 en mai 2014, personne ne le savait. L'information n'est pourtant pas difficile à trouver : la déclaration de patrimoine de Piolle indiquait en mars 2014 qu'il possédait, outre plus de 90000 euros de «valeurs cotées en Bourse et placements divers», 9000 euros de parts (soit moins de 0,5 %) dans le capital de Raise Partner, depuis sa création en 2001. Piolle ne s'est jamais vanté de ce fait d'armes. Ou plutôt il a omis une précision : s'il a répété qu'il avait «cofondé une PME avec des chercheurs de l'INRIA [Institut national de recherche en informatique et en automatique]», il n'a jamais précisé ni le nom de cette PME, ni son domaine d'activités.

Ce domaine c'est le monde merveilleux de la finance. Raise Partner signifie littéralement «partenaire de l'augmentation». À l'époque, j'avais juste lu que cette société était «un éditeur de composants logiciels destinés à l'analyse quantitative, dans le domaine de la finance. Ses produits, NORM Asset Management et NORM Technology, permettent aux professionnels de la finance d'évaluer précisément les risques liés aux stratégies d'investissement. Raise Partner est le géomètre du risque financier.» J'avais pas compris grand-chose à tout ce charabia, tout en percevant quand même bien que Raise Partner ne produisait rien qui permette de rendre ce monde plus agréable à vivre. Et que c'était surprenant que le nouveau maire de Grenoble, à la tête «d'un coup d'État citoyen» (*Le Monde*, 9/04/2014) prônant «la démocratie renouvelée, l'écologie, la solidarité», qui fait baver d'envie toute «l'autre gauche» de France, soit mouillé dans une telle galère boursière.
Voilà pourquoi j'avais voulu rencontrer François Oustry, qui était encore à l'époque CEO (Chief Executive Officer, ou président-directeur général en bon français) de Raise Partner. Voici une partie de ce que j'avais écrit à l'époque :

(Paru dans *Le Postillon*, n° 26, été 2014)

«Il est gentil, François Oustry. Le cofondateur de Raise Partner a bien voulu sacrifier un peu de son temps pour me rencontrer et a tenté pendant une heure de m'expliquer le sens de sa démarche : "J'ai fait des études d'ingénieur et une thèse sur 'l'optimisation robuste', soit la nécessité de prévoir tous les scénarios pour résister à des chocs imprévisibles. Cela concerne par exemple l'aviation en zone de turbulences ou les bâtiments antisismiques. J'ai ensuite rencontré le monde de la finance et ai eu envie d'appliquer cette logique dans ce domaine. L'idée à la base de Raise Partner, c'est d'aider les investisseurs à ne pas mettre tous leurs œufs dans le même panier, à mesurer la corrélation entre les différents actifs financiers, pour ne pas être vulnérables au moindre événement imprévu. On crée des outils de mesure qui permettent de réguler les risques."

Selon François Oustry, c'est un peu par hasard – une rencontre à la crèche entre les familles Oustry et Piolle – que le futur maire de Grenoble et son épouse se sont retrouvés embarqués dans le montage de Raise Partner, en 2001. Tenté par l'aventure entrepreneuriale mais disposant déjà d'un travail (à Hewlett-Packard), Piolle s'associe à Oustry pour fonder la société et s'investit à ses heures perdues, surtout pendant les deux premières années : "Éric nous a beaucoup aidés pour l'administratif et pour construire des *business plans*. Il a une grande facilité d'apprentissage et d'adaptation : un truc qu'il entendait le matin, il pouvait le ressortir le soir comme s'il y pensait depuis toujours. Il ne pouvait pas y passer beaucoup de temps mais il filait des coups de main le soir et le week-end. Ça lui est arrivé de prendre une journée pour monter avec moi à Paris". Une fois la société lancée, Piolle a arrêté de s'investir, tout en conservant une part minime du capital. Mais son lien avec cette PME ne se limite pas à ces 9000 euros : sa femme y est toujours salariée, en tant que "Head of Quantitative Research and Consulting", soit "directrice de la recherche quantitative et du conseil".

En plus d'être gentil, François Oustry n'est pas bête. Lecteur occasionnel du *Postillon*, il se doutait bien que je n'avais aucune sympathie pour l'optimisation des investissements boursiers. Il s'est donc évertué à me persuader du bien-fondé de son entreprise : "La question omniprésente, c'est à quoi ça sert la finance ? Moi j'ai voulu agir et apporter une goutte d'eau positive. Ma volonté c'est de mettre la finance au service de l'économie réelle". Il a réussi à me convaincre de sa sincérité : je ne pense pas qu'il soit allé vers la Bourse juste pour se faire plein de fric. Mais je reste sceptique sur l'intérêt de sa démarche : même si on limite les excès bousiers, les krachs et les crises, la finance ne pourra jamais œuvrer au bien-être de l'humanité, juste à l'enrichissement de quelques-uns.»

En relisant ce texte six ans plus tard, je me rends compte à quel point je me suis fait avoir. Comment ai-je pu écrire «[...] je ne pense pas qu'il soit allé vers la Bourse juste pour se faire plein de fric»? Pour comprendre une des facettes essentielles du personnage Piolle, il faut se plonger un peu dans les méandres de cette société.
Suite à la parution de l'article, il n'y a pas eu d'écho à cette information inédite, notre révélation faisant comme presque toujours l'effet d'un coup d'épée dans l'eau plate de l'actualité locale. Cette fois encore, je m'y étais pris comme un pied pour faire un «buzz».
Le parti qui s'appelait encore l'UMP 38, la droite quoi, a été bien plus malin que moi. Six semaines plus tard, il est parvenue à se faire un bon coup de pub au niveau national. Le 6 juillet 2014, le site d'Europe 1 titre : «Éric Piolle, maire EELV de Grenoble et fondateur-actionnaire d'une société spécialisée en gestion des risques financiers aux clients basés dans des paradis fiscaux. [...] C'est l'UMP locale qui a mené l'enquête. Elle a découvert au tribunal de commerce de Grenoble l'existence de cette société, cofondée par Éric Piolle.»

Dans cet article comme dans presque tous les autres, aucune mention du *Postillon*. Faut dire que les scribouillards de l'UMP, qui sont beaucoup plus formés que moi sur les magouilles boursières, avaient trouvé que Raise Partner avait de nombreux clients dans les paradis fiscaux. Un détail entrant en franche contradiction avec l'engagement nº 64 de Piolle : « La Ville exclura les établissements bancaires concernés par des activités directes ou indirectes dans les paradis fiscaux de ses contrats de prêts. » Achmea, Halbis Capital Management, Gestion Privée Indosuez, Citadel, Millenium ou GLG Partners : loin d'être des organisations caritatives, les clients de Raise Partner sont des fonds d'investissement mouillés dans un tas d'histoires louches.

Ce monde est décidément cocasse : un maire de « l'autre gauche » se retrouvait accusé de bosser avec des paradis fiscaux par l'UMP. Faut dire que tous les gauchistes piollistes, tout à l'admiration de leur héros, n'ont rien fait de l'information qu'on avait sortie.

Le petit buzz médiatique a quand même eu une retombée positive : une personne bien informée, que je dénommerai Alban, est venue me donner quantité de documents édifiants sur Raise Partner. Entre 2001 et 2010, la société a touché en neuf ans plus de trois millions d'euros d'argent public, entre le CIR (Crédit d'impôt recherche), les subventions du pôle grenoblois Minalogic [Pôle de compétitivité mondial des technologies du numérique en Auvergne-Rhône-Alpes], ou les multiples « aides remboursables ». Tout ça pour embaucher seulement une petite dizaine de personnes. La France est un « paradis fiscal de la recherche et développement », m'avait expliqué à l'époque Alban : toutes ces aides remboursables n'ont bien entendu jamais été remboursées parce que la société n'a jamais fait de bénéfices en France.

« C'est une technique courante, détaillait Alban. Une boîte développe une technologie en France, qui est devenue un quasi paradis fiscal pour la R&D (recherche et développement), grâce aux aides reçues et la qualité de ses ingénieurs.

La R&D ne vend jamais rien ou presque rien. Mais cette technologie est vendue par une autre société, basée dans un autre pays, qui peut même appartenir aux mêmes personnes. La structure française ne fait pas de bénéfices, donc elle est toujours déficitaire et ne rembourse pas les aides. Par contre, l'argent peut rentrer dans l'autre société. »

C'est exactement ce qui s'est passé pour Raise Partner. Après avoir pompé un maximum d'argent public pendant plus de dix ans en France, la société réalise maintenant des bénéfices à… Singapour, qui est, comme on dit, un « paradis fiscal ». Selon le « traité d'apport de titres », toutes les actions de Raise Partner appartiennent, depuis le 30 novembre 2012, à Raise Partner Pte Ltd, qui est une « société de droit singapourien dont l'adresse de correspondance se situe 70 Anson Road – 12-02 Hub Synergy Point – Singapore 079905 – Singapour, immatriculée auprès du Companies Act (Cap.50) de Singapour ». Au passage, le président de Raise Partner Pte Ltd, un certain Gilbert Gagnaire, a l'air d'être un habitué des combines juteuses : il fait du business autant dans les complexes hôteliers à Bali que dans les logiciels de gestion des risques financiers ou dans les voitures autonomes.

Je ne suis pas né de la dernière crise mais quand même : un tel cynisme, un tel sans-gêne dans le pillage de l'argent public, une telle dégueulasserie me font halluciner. Alban, lui, reste placide : « Mais t'es naïf ou quoi ? C'est comme ça que ça marche aujourd'hui. » Oui, je vous l'avais dit, que j'étais naïf.

Vous trouvez qu'on s'éloigne de Piolle ? Patientez encore quelques secondes car les dégueulasseries ne s'arrêtent pas là : François Oustry, que j'avais trouvé « gentil », fait en fait partie de la race des crapules. Le cofondateur de Raise Partner, qui a entraîné Piolle dans ce « *business plan* », est même parvenu à arnaquer ses propres associés. En 2006, il a déposé un brevet sur une méthode dont Raise Partner avait besoin. Avec ce brevet il a créé une société au charmant nom de Prax Value. Ce brevet a ensuite été loué à Raise Partner par Prax Value (les deux sociétés ayant le même patron) pour 86000 euros par an. Cette somme lui a permis d'emprunter 600000 euros à la banque, et de se présenter comme le « sauveur » de Raise Partner en injectant cette somme dans la société, alors déficitaire. Sauf qu'avec cette combine, il est parvenu à prendre « gratuitement » de nombreuses parts en plus dans la société et à se faire personnellement au moins 600000 euros, alors que sa société était déficitaire et pompait l'argent du contribuable. En comprenant le cynisme de la démarche, je tombe des nues une fois de plus. Alban, lui, connaît le « milieu » depuis trop longtemps pour s'indigner : « Tu sais, ce genre de montage est courant. Aujourd'hui, le meilleur levier pour s'enrichir, c'est la propriété intellectuelle. La grande majorité des actifs de la planète, c'est devenu l'immatériel. Quelqu'un peut donc devenir millionnaire en quelques années s'il a eu la bonne idée de breveter un procédé, déposer une marque ou un logiciel qui peut être valorisé rapidement. C'est ce qu'on appelle la création de valeur... »

Je vous passe plein de détails sordides – j'ai peur de vous perdre – les magouilles entre associés pour racheter des actions de l'un d'eux à bas prix (voir *Le Postillon* n° 28), les malversations financières depuis 2010, mais sachez seulement qu'après de multiples embrouilles, François Oustry a fini par quitter le navire et qu'il est maintenant « Managing Director – Head of Investment Solutions » chez Millennium Global Investments, un « gestionnaire » londonien.

Et Piolle, donc ? Quand le petit scandale a éclaté, il s'était défendu en assurant qu'il avait juste « aidé » à la création de Raise Partner. Que, si sa femme y travaillait, lui était juste un petit actionnaire n'ayant jamais touché un centime de ses 9000 actions. Qu'il ne savait pas si Raise Partner avait des clients dans les paradis fiscaux : « Vous savez, j'ai une chemise sur le dos, mais je ne sais pas où elle a été fabriquée. L'entreprise Raise Partner travaille avec des banques... » (*Le Daubé*, 7/07/2014). Que lui reprocher à ça, « c'est comme si on [l]'attaque parce que [il a] mangé une fois au MacDo », qu'il « assume tout » et, qu'après tout, cette société, « c'est vraiment le modèle grenoblois ».

Pour le coup, il avait raison : avant que Piolle ne devienne maire de Grenoble, et que notre chère ville inspire tous les bisounours de l'autre gauche, « le modèle grenoblois » désignait le mélange incestueux entre l'université, l'industrie et la recherche, spécialisé dans le détournement de milliers de millions d'euros d'argent public pour des profits privés. Raise Partner n'a rien de très original par rapport aux centaines d'autres sociétés œuvrant dans la « tech » dans la cuvette : Piolle se place ainsi dans la suite logique de l'ancien maire Destot, qui a lui aussi fondé une société, Corys, en bénéficiant des largesses d'un tel système.

En 2020, l'épouse de Piolle travaille encore à Raise Partner, lui a continué pendant six ans de plus à « manger une fois au MacDo », dénonçant toujours en novembre 2019 à *Place Gre'net* une « polémique artificielle » et assurant n'avoir « rien à cacher ». C'est-à-dire qu'il continue de légitimer l'existence et le fonctionnement de cette société, qu'il n'a toujours rien à redire sur le pillage de l'argent public, la délocalisation des bénéfices à Singapour, le système financier opaque pour lequel elle bosse.

On fait tous des « erreurs de jeunesse ». Que Piolle se soit fait embarquer dans cette entreprise immorale en sortant de son école d'ingénieurs, c'est une chose. Qu'il conserve, dix-neuf ans plus tard, des actions, sans avoir rien à redire, si ce n'est « j'assume tout », c'est révélateur de sa tartufferie.

Je n'attaque pas ici un manque de « pureté ». On a tous nos contradictions, nos faiblesses, nos égarements passagers

(j'avoue à 17 ans, je faisais partie du fan-club de Tryo). Mais être actionnaire de cette société et la défendre publiquement en tant que maire de Grenoble et « modèle » national pour une gauche verte-rouge, ce n'est pas comme « aller manger une fois au MacDo ». C'est un choix politique réfléchi, mesuré, une véritable défense de ce « modèle grenoblois » au fonctionnement immoral, antisocial, et anti-écologique.
En 2014, en pleine polémique, je m'étais permis de donner à Piolle un conseil : « Arrêtez donc cette ridicule défense d'esquive : admettez simplement que vous auriez dû depuis longtemps lâcher vos actions de Raise Partner. Il n'y a rien d'autre à dire, juste à joindre le geste à la parole. »

Qu'il s'obstine à garder ses actions six ans relevait de l'incompréhensible pour moi en décembre 2019 : comment peut-il vouloir être crédible sur l'écologie, la lutte contre les multinationales ou la « défense des biens communs » en légitimant cette boîte ? Il ne s'agit pas de savoir s'il touche des dividendes ou si la somme de 9 000 € est grande ou petite. Il s'agit de savoir s'il cautionne une telle société, qui « outille l'ère ultime du capitalisme le plus létal au vivant », comme nous l'a écrit Raphaël Juy, ancien colistier de Piolle en 2014 et membre de la liste « La commune est à nous » en 2020, nous reprochant une approche qui « n'allait pas à son terme » suite à notre article du mois de décembre 2019. Voici un extrait de son courrier :

(Paru dans *Le Postillon*, n° 54, février-mars 2020)

« Le capitalisme financier n'est rien sans les logiciels ultra-rapides ("Scannez 1,5 milliard de portefeuilles en 25 minutes, optimisez un portefeuille en moins de 350 ms…" www.raisepartner.com) vendus par Raise Partner et d'autres à Bloomberg, Finastra, etc. Ils sont un des rouages essentiels de ce système "qui épuise les hommes et la nature", menant inexorablement le vivant vers

l'extinction pour paraphraser Marx. Ils sont les "armes" d'un système létal. ***Fais dodo, bobo, mon p'tit frère... Maman Piolle est en haut qui fait des armes anti-bio, Papa Piolle est en en bas qui marche pour le climat...***
La disparition du système de retraites par répartition débouchera inéluctablement sur la collecte de quantités inouïes de capitaux par les fonds de pensions tels BlackRock qui spécule avec deux à trois fois le PIB français. Ces machines de guerre sont les plus gros acteurs du capitalisme financier et ont besoin des "armes" de Raise Partner pour agir. ***Papa est en bas qui défile contre la "réforme" des retraites...***
Depuis plus de 30 ans, nous vivons les affres du néolibéralisme, qui n'a de cesse d'offrir, au prétexte de favoriser l'investissement, des pans entiers des services publics au capitalisme financier ? Éducation, hôpitaux, logement social, la liquidation planifiée par Macron n'a pas d'autre finalité que de créer les "opportunités d'investissements" pour les fonds de pension, les "Partners" de Raise. ***Papa est en bas qui sauve les "communs"...***
L'autre jour un responsable syndical du secteur de la santé interrogé sur la vente potentielle de la clinique mutualiste racontait comment les cliniques sont aujourd'hui rachetées par les fonds de pension du fait de leur grande rentabilité ! ***Papa est en bas qui soutient les salariés de la clinique mutualiste...***

Finalement, tout cela n'est pas très nouveau à Grenoble. Le développement économique passé de la ville a été intimement lié à la guerre (le gaz moutarde à Pont-de-Claix [commune limitrophe de Grenoble], les obus à Bouchayer [Bouchayer-Viallet, industrie grenobloise], l'implantation du CEA [Commissariat à l'énergie atomique]...). Aujourd'hui, la guerre qui est faite au vivant, humain, animal et végétal, est d'abord financière et les logiciels d'investissement de Raise Partner y contribuent largement.

Rien n'a donc changé : "Ici c'est Grenoble !" Pourquoi les gentils-amis-du-vivant de "Grenoble en commun" [nom de la liste de campagne d'Éric Piolle aux municipales de 2020] ferment-ils ainsi les yeux sur l'implication de Papa et Maman Piolle avec ce "marchand-d'armes-du-Capitalocène" qu'est Raise Partner ? Sans doute parce que leur maigre ambition de "survivre à l'Anthropocène", alors qu'il faudrait "sortir du Capitalocène"[17], s'accommode parfaitement des activités de telles sociétés. C'est vrai que de "Grandir ensemble", titre du livre du candidat Piolle, à "Partenaire de croissance", traduction de Raise Partner, il n'y a l'espace que de quelques nuances... ***Réveille-toi Grrr'noblo mon frère !*** »

Depuis six ans, je n'ai jamais voulu faire d'interview de Piolle – le bonhomme ayant déjà micro ouvert dans tous les médias locaux et nationaux et ne sortant jamais de ses éléments de langage. J'ai quelquefois essayé d'avoir des réponses à des questions précises, toujours sans succès. Par exemple, avant de refaire un article sur Raise Partner en novembre 2019, j'avais voulu avoir une réaction de Piolle, qui n'a pas donné suite.

Par contre, Piolle, qui venait parfois m'acheter le journal à la criée sur les marchés avant son élection, a continué à nous le prendre directement à l'occasion, et à nous faire des retours (négatifs) sur les articles le concernant. En décembre 2019, on est passés avec un collègue devant l'inauguration de

17. L'Anthropocène désigne « l'influence des activités anthropiques sur le système terrestre [qui] est désormais prépondérante », « l'humanité [étant] devenue une force géologique à l'échelle de la planète » (*Le Monde*, « L'Homme a fait entrer la Terre dans une nouvelle époque géologique », 16/01/2015). Plusieurs chercheurs contestent cette notion « d'Anthropocène » qui rendrait tous les humains responsables du réchauffement climatique et de la destruction de la planète alors que cette situation résulte du développement du système capitaliste dans les pays occidentaux au XIXe siècle (Révolution industrielle) et de l'expansion de ce modèle au monde entier. Ainsi préfèrent-ils parler de « Capitalocène ».

son local de campagne, rue Brocherie. Le maire de Grenoble nous est tombé dessus, plutôt agacé par mon dernier article à ce sujet, argumentant encore une fois qu'il n'y avait aucun problème avec cette société œuvrant pour un autre capitalisme financier ou tout le monde serait gentil. Pour lui, si la société est domiciliée à Singapour, c'est tout simplement parce que son président habite là-bas, sans que ce choix de résidence n'ait aucun lien avec les avantages fiscaux de cet État. Et s'il ne lâche pas ses actions, c'est parce qu'il soutient sa femme, qui y travaille toujours.

Pour moi, cette histoire constitue en quelque sorte le péché originel de Piolle. La façon dont il a réagi, niant tout problème, se bornant à dénoncer une polémique visant à lui nuire, annonçait en fait la façon dont il gérerait son mandat et les contestations, se retranchant toujours derrière le « circulez, y'a rien à voir » et n'admettant aucune erreur.

Mais pour une autre source, qu'on appellera Annie, le « péché originel » dans Raise Partner cache en fait un secret de famille. Vous vous souvenez de l'homme politique Pierre Larrouturou, évoqué dans le premier chapitre de ce livre ? Celui que Piolle est censé avoir rencontré grâce à sa seule curiosité intellectuelle, comme nous le raconte cet article de *Rue 89* (14/01/2016) : « Même s'ils ont tous les deux vu le jour et grandi en Aquitaine, c'est pourtant à Grenoble qu'Éric Piolle et Pierre Larrouturou se sont rencontrés il y a plus de 20 ans. Le premier – la vingtaine et élève-ingénieur – invita le second – de dix ans son aîné et consultant en entreprises sur la réduction du temps de travail – à un débat sur les limites de la croissance. » Une belle légende entretenue depuis six ans : à chaque fois que les deux politicards se croisent, Piolle parle de son « ami » Larrouturou, comme le 15 juin 2019 sur Twitter, alors qu'ils pédalaient tous deux vers une manifestation à Saint-Égrève contre la privatisation des barrages. Et pourtant, Piolle et Larrouturou ne sont pas seulement amis : ils sont également cousins germains. Sur Internet, on peut voir les deux familles associées pour faire part de la mort de Xavier Piolle, père d'Éric. On peut aussi voir les deux hommes réunis sur une photo illustrant un article de *La République des Pyrénées* relatant l'inauguration de la rue Xavier Piolle à Arette.

Le rapport avec Raise Partner? Si ces liens familiaux peuvent être anecdotiques d'un point de vue politique, ils ont joué un rôle important dans la création de cette boîte. Bernard Larrouturou, frère de Pierre Larrouturou et cousin d'Éric Piolle, était à la fin des années 1990 président de l'INRIA, institut qui a essaimé Raise Partner. Annie m'a éclairé : « Si le fondateur de Raise Partner François Oustry a sollicité Piolle pour cofonder la boîte, c'était pour se mettre dans la poche son cousin Bernard Larrouturou. Cela a permis que l'INRIA mette plein de moyens dans la création de Raise Partner en fournissant des chercheurs à disposition de cette start-up. C'est ça le véritable "péché originel" dans la création de Raise Partner. En échange du favoritisme de son cousin Bernard Larrouturou, Piolle a obtenu ses actions dans l'entreprise et un emploi pour sa femme Véronique Piolle, qui a été la première à obtenir un CDI dans Raise Partner en 2001. »

C'est marrant comme des histoires qu'on traite depuis des années peuvent s'éclairer avec une seule rencontre. Maintenant, je comprends mieux ce que Piolle est allé faire dans cette galère et pourquoi il la défend toujours bec et ongles. Par contre, je comprends toujours pas comment cette partie de son histoire ne le disqualifie pas définitivement pour représenter un « espoir » pour une gauche supposément opposée aux sordides magouilles financières. Piolle n'a jamais changé d'avis sur ce sujet comme sur d'autres, même en étant bousculé par des « débordements populaires ».

comme dit mon copain François : à la fin c'est NOUS qu'on a gagné.
pas vous
LOGEMENTS POUR TOUTE·S

CHAPITRE DIX

À L'ÉPREUVE DES "DÉBORDEMENTS POPULAIRES"

Depuis les élections municipales de 2020, Piolle multiplie les initiatives pour prendre une dimension nationale, avec dans le viseur les élections présidentielles de 2022. Si cette volonté est apparue aux yeux de tous au printemps 2020, ça fait un moment qu'il réseaute avec les figures de la gauche nationale, postant régulièrement sur les réseaux sociaux des photos de lui avec telle ou telle personnalité. Depuis 2019, il a notamment souvent croisé François Ruffin, le député Insoumis de la Somme.

J'ai une dette envers François Ruffin qui m'a donné un conseil fructueux. C'était au tout début du journal, en 2009, on avait sorti deux numéros qu'on avait envoyés aux autres petits journaux qu'on connaissait à travers la France : *La Lettre à Lulu* à Nantes, CQFD à Marseille, *La Brique* à Lille, et puis *Fakir*, le journal de Ruffin qui ne parlait à l'époque que d'Amiens et de sa région. Peu de temps après, Ruffin nous a contactés pour qu'on se rencontre, vu qu'il passait à Grenoble. Je me suis souvent rappelé ce qu'il m'avait martelé autour d'un café et qui ressemblait à quelque chose comme ça : « La diffusion, c'est un combat. Faut que vous bossiez la diffusion. Trop de canards ne touchent que des personnes convaincues parce que leurs artisans ne mettent pas assez d'énergie dans la diffusion. Comme c'est très laborieux de boucler un journal, on a l'impression que le travail est fini une fois qu'on l'a envoyé à l'imprimeur, mais il ne fait que commencer. »

Les mois et les années d'après, ce conseil m'a hanté, et j'ai vécu effectivement la diffusion comme un combat qu'il ne faut jamais abandonner. Toujours essayer de démarcher de nouveaux points de vente. Passer des centaines d'heures à vendre le canard à la criée sur les marchés ou dans les manifs. Coller des milliers d'affiches pour annoncer la sortie d'un nouveau numéro. Si *Le Postillon* a un relatif succès, en tout cas par rapport à d'autres canards de cette taille, c'est un peu grâce à tout ce boulot.

En dehors de cette « dette », je ne peux m'empêcher de cacher une forme d'admiration pour le boulot de Ruffin, en tant que journaliste puis de député. Feignasse que je suis, je crois que j'admire surtout son abnégation et son énergie inépuisables, qui me paraissent complètement inatteignables. Je me souviens avoir lu dans *Fakir* qu'un de ses « problèmes », c'était qu'en soirée il préférait toujours lire des bouquins plutôt que d'aller boire des bières avec des amis. J'ai exactement le problème inverse.

Bien sûr, Ruffin a plein de défauts, de sa propension à se mettre toujours sous les projecteurs à certains de ses positionnements politiques que je ne partage pas. Mais la plupart de ses combats et de ses interventions apportent une bouffée d'air dans la morosité et le fatalisme ambiant. Surtout, on a l'impression qu'il sera toujours du côté des dominés et de ceux qui luttent, qui ne se résignent pas. Et puis que lui ne sera jamais un Tartuffe, qu'il n'use pas de la langue de bois comme les autres, qu'il se soucie de toujours ramener le réel dans le théâtre politicien. Mais peut-être là aussi me montré-je naïf : si Tartuffe donnait l'impression qu'il est Tartuffe, il serait un mauvais Tartuffe.

C'est pour ça qu'il m'a bien déçu, pour l'épisode du RIC à la Villeneuve [quartier sud de Grenoble, limitrophe avec Échirolles]. En fait, pas « déçu », non, j'aime pas les gens qui se disent « déçus » par d'autres personnes, comme si on ne pouvait pas changer, surprendre, comme si on devait sans cesse être fidèles à l'image qu'on renvoie à un moment. La déception est une lamentation, où les affects occultent les analyses complexes.

Disons plutôt que le positionnement de Ruffin pour cet épisode pose de grandes questions sur la pratique du pouvoir de la part d'ex-militants. Le « parler vrai » cède la place au calcul politicien.

Le RIC à la Villeneuve ?

Grâce à la très généreuse ANRU (Agence nationale pour le rénovation urbaine), l'État met des millions d'euros dans les quartiers populaires. Pas pour le travail social, les petits commerces ou les centres de santé, non : ces milliards, c'est pour le BTP. Le but est de détruire une partie des grands ensembles bâtis dans les années 1960 ou 1970, qu'ils aient été bien ou mal construits. Tout pour l'urbanisme et ses bulldozers ! Pour des avancées sur les questions sociales, il faudra repasser plus tard.

Dans les quartiers de la Villeneuve de Grenoble et d'Échirolles, c'est le grand chamboule-tout, comme je l'ai déjà évoqué dans le chapitre 7. Plusieurs immeubles sont menacés de destruction, et notamment ceux des 10 et 20, galerie de l'Arlequin où environ 190 logements en bon état sont concernés. Pendant des années, des habitants épaulés par le DAL (Droit au logement) se sont battus contre cette décision imposée par l'ANRU et la mairie.

Malgré une mobilisation très variée et pugnace, les élus verts-rouges n'ont pas reculé d'un iota, se cachant derrière le chantage financier de l'ANRU, qui menace de ne pas financer la réhabilitation de logements si des immeubles ne sont pas détruits.

Alors à l'automne 2019 les opposants aux démolitions ont décidé d'organiser un RIC (Référendum d'initiative citoyenne) « pour ou contre les démolitions ». Le RIC a été popularisé pendant le mouvement des Gilets jaunes et Piolle a même été un de ses partisans. En décembre 2018, en plein mouvement des Gilets jaunes, Piolle faisait un vibrant plaidoyer pour le RIC sur YouTube. Extraits : « Ici à Grenoble, les habitants peuvent voter pour mettre un veto sur une proposition délibérée par les élus. Cette initiative forte [...] a été torpillée par le gouvernement Valls et le gouvernement soi-disant du nouveau monde de Macron a repris cette attaque : nous avons été attaqués au tribunal, nous avons perdu. Si ces initiatives du territoire, cette démocratie à laquelle on doit s'entraîner, si tout cela est attaqué et balayé, il ne faut pas s'étonner que la colère éclate, quand on met un couvercle sur la colère du peuple, cela rejaillit en colère forte. L'État recule aujourd'hui, les villes un peu partout prennent de l'avance, elles inventent de nouveaux moyens démocratiques. [...] Ici à Grenoble, nous prenons un temps d'avance. »

Passons rapidement sur ce supposé « temps d'avance » sur les nouveaux moyens démocratiques : si les élus verts-rouges ont beaucoup communiqué sur le renouveau démocratique local, les « nouveaux moyens » mis en place, les conseils citoyens indépendants et le dispositif de votation citoyenne, ont été de retentissants échecs. Seuls les budgets participatifs connaissent un relatif succès, tout en étant surtout prisés par les catégories sociales supérieures qui, comme de juste, proposeront des projets que la fine équipe aurait envisagés de toute manière. Mais contrairement à ce que prétend Piolle dans cette vidéo, « l'initiative forte » de la votation citoyenne n'a pas eu besoin de l'État pour être torpillée, la mairie réalisant un sabotage autogéré et participatif. Une seule votation a abouti, celle « pour une concertation sur la hausse des tarifs de stationnement », et malgré une victoire écrasante du oui (70 %), la mairie ne l'a pas prise en compte car le seuil énorme de voix nécessaires mis en place (20 000, soit davantage que le nombre de voix recueillies par Piolle aux élections municipales !) n'avait pas été atteint. Sinon, comme vu au chapitre 3, la votation contre la fermeture des bibliothèques n'a pas abouti alors que ses partisans avaient tout bien fait dans les règles. Malgré les grandes ambitions, la majorité municipale a toujours fait comme elle avait décidé toute seule dans son coin. Mais bref, malgré ces tartufferies, Piolle a fermement pris position pour le RIC.

Les opposants aux destructions de logements sociaux ont donc pris le maire au mot et ont organisé leur RIC du 14 au 20 octobre. Une initiative originale qui mériterait d'être soutenue par tous ceux qui prétendent soutenir les « expérimentations démocratiques ». Et pourtant la mairie a refusé de « fournir une aide matérielle et humaine pour la bonne tenue de ce RIC et de participer à son contrôle » (*Place Gre'net*, 27/09/2020). La raison principale invoquée est la volonté de ne pas « remettre en question les avancées de la Convention ANRU », c'est-à-dire l'impossibilité de « mettre un veto sur une proposition délibérée par les élus », comme proclamé dans la vidéo.

Interpellé à ce sujet au conseil municipal du 23 septembre par le dissident Guy Tuscher, Piolle a pu étaler toute sa mauvaise foi en dénonçant les «*fake news*» du collectif et en arguant que cette «initiative ne contribue pas à vivifier notre démocratie. C'est ajouter de la défiance à la défiance et c'est au final discréditer le RIC.» Eh oui, la démocratie pour Piolle c'est comme le gruyère : plus y'en a et plus y'a de trous, plus y'a de trous et moins y'a de gruyère, donc plus y'a de gruyère et moins y'a de gruyère.

C'est dans ce contexte que les organisateurs du RIC ont voulu demander au député Ruffin qu'il leur apporte un soutien public. À Amiens, Ruffin se bat aussi contre l'ANRU dans le quartier d'Étouvie et il a aussi été un fervent soutien des Gilets jaunes et du RIC. Après plusieurs tentatives par mail, SMS et même de visu à la Fête de l'Humanité, le député suractif n'avait pas répondu aux sollicitations une semaine avant le début du RIC. Sur demande des organisateurs, j'ai donc aussi envoyé mon petit mail au député pour lui réexpliquer le problème et l'inciter à prendre position : «[...] Les organisateurs de ce RIC unique en France trouveraient pertinent et important que tu manifestes un soutien à cette initiative. Dans l'idéal que tu viennes sur place, ou au moins que t'en parles d'une manière ou d'une autre. Pour donner un coup de projecteur national sur ce scandale de l'ANRU, qui se répète dans de nombreuses villes en France. La résistance grenobloise pourrait donner des idées à d'autres, dans des quartiers où l'indifférence et la résignation aux décisions venues d'en haut dominent hélas souvent. [...]»

Quelques jours plus tard, Ruffin envoyait une réponse aux organisateurs et à moi : «[...] Sur le quartier Étouvie à Amiens, j'ai posé une question au ministre de la Ville[18]. Alors que les élus sont ici de droite, et pas mes copains, c'est bien

---

18. Sa question est disponible ici :
http://questions.assemblee-nationale.fr/q15/15-21635QE.htm

une politique nationale que je conteste, et que je souhaite voir changer. Peut-être à tort, mais j'ai peu mis en cause les élus locaux dans ce dossier.

Ce vendredi matin, je recevais l'association APPUII [Alternatives pour des projets urbains ici et à l'international], que vous devez connaître, qui œuvre pour plus de démocratie dans le logement, et nous en sommes parvenus à la même conclusion : c'est bien sur l'ANRU qu'il s'agit de faire pression. Je soutiendrai leur proposition de loi qui instaure un référendum obligatoire lors des grandes opérations immobilières.

Évidemment, même si le référendum n'est pas encore inscrit dans la loi, je suis par principe plutôt favorable aux initiatives locales qui, d'ores et déjà, font entendre la voix des habitants. [...] »

Un mail de défausse, où il se dit « par principe », « plutôt favorable » au RIC mais sans néanmoins apporter un soutien public au RIC grenoblois.

C'est qu'il est emmerdé par sa proximité avec Piolle et par sa stratégie visant à recréer une « union de la gauche » : en plus de boire des bières ensemble, Ruffin invitera Piolle en *guest star* quelques semaines plus tard pour lancer la campagne municipale de la gauche unie à Amiens. Lui viendra en mars à Grenoble partager un match de foot et un meeting avec le candidat à un deuxième mandat Piolle. « L'honneur est délicat et l'amitié m'engage / À prévenir les bruits et les sujets d'ombrage » déclamait Tartuffe.

Vu que les partisans du RIC grenoblois, bien conscients que l'ANRU est le principal responsable des démolitions, attaquent également les élus verts-rouges coupables d'accepter le chantage de l'ANRU et de ne pas les soutenir, Ruffin ne peut pas prendre parti pour eux au risque de fâcher son ami Piolle. Et donc pour ce coup-là, il n'apporte aucune aide à ceux qui ne se résignent pas et luttent, car ils ont le mauvais goût de lutter contre un pouvoir proche de lui.

Cette anecdote illustre pour moi les questions fondamentales que devrait se poser tout militant cherchant à conquérir le pouvoir. Bien entendu, le pouvoir impose des compromis. Si les opposants internes n'ont pas toujours raison, ils se battent la plupart du temps pour des causes pertinentes, comme cette opposition à la destruction de logements sociaux en bon état.

Une fois au pouvoir, quels rapports des élus verts-rouges peuvent-ils entretenir avec les militants et les oppositions internes ? Pendant leur premier mandat, Piolle et sa bande les ont combattus franchement, en les accusant, toujours à demi-mot, de représenter le « vieux monde », les « conservatismes » ou de faire le jeu des « vrais » méchants, droite et extrême droite en tête.

Dans le cas du RIC à l'Arlequin, François Ruffin se dérobe et *de fait* soutient plutôt les tenants du pouvoir que les opposants. Si son boulot d'opposant est assez largement apprécié, ce petit épisode n'augure rien de bon en cas d'arrivée de son camp au pouvoir (car une fois qu'on a commencé, on ne sait plus s'arrêter). En prenant à bras le corps cette question du RIC à l'Arlequin, il aurait pu un peu débroussailler cette épineuse question.

Au même moment, il expliquait dans *Le Monde* (2/11/2019) que même si la gauche arrive au pouvoir en 2022, « il n'y aura rien sans débordement populaire ». Mais si lui, ou Piolle ou une personne de leur camp, devient président, quelle attitude aura-t-il par rapport aux « débordements populaires » s'ils mettent des bâtons dans les roues du gouvernement ?

Les soutiendra-t-il réellement, ou seulement « par principe » ? Quel usage fera-t-il du maintien de l'ordre ?
Rajoutera-t-il un dossier de plus sur la pile infinie des déceptions politiques ?

Oh la justice sociale
je peux enfin
la toucher
snif

CHAPITRE ONZE

UN DOUBLE LANGAGE SUR LA FUITE EN AVANT TECHNOLOGIQUE

« La 5G est le symbole d'un système glouton. [...] On présente comme un progrès ce qui est en pratique une courroie de transmission d'une ville sous surveillance. [...] Il faut mettre des cailloux dans ce rouleau compresseur, retrouver la connexion entre humains et nature, et sortir de cette ultra-connexion. »

En écoutant Piolle parler ce 6 mars 2020, je suis presque complètement d'accord avec lui – quel choc ! Depuis six ans que je suis ce qu'il raconte, c'est une des premières fois que ça m'arrive – je veux dire en dehors des tartes à la crème où il se prononce courageusement contre la violence ou pour le vélo. Je ne me reconnais plus, je sens que je me fais séduire.

Est-ce parce qu'il a changé ? Ou est-ce que cette nouvelle posture n'est qu'une imposture supplémentaire ?

Quelques mois plus tôt, j'avais pondu un « plaidoyer pour un arrêté anti-5G » (*Le Postillon*, n° 52, automne 2019), dans lequel je soulignais ses incohérences sur le plan écologique. Les élus verts-rouges relayaient souvent à l'époque la demande des marches pour le climat d'instaurer un « état d'urgence climatique », en restant très flous sur les solutions. En présentant le plan Air Énergie Climat de la Métropole le 5 juillet 2019, son vice-président à l'environnement Jérôme Dutroncy a affirmé : « Nous devons déclarer un état d'urgence climatique ! » Éric Piolle lui-même a plusieurs fois relayé cette demande. Le 23 août 2019 le maire de Grenoble tweetait : « Il est plus que temps de décréter l'État d'Urgence Climatique » avec des majuscules, carrément.

État d'urgence climatique, voilà des mots forts, qui logiquement devraient s'accompagner d'actes forts. Mais quels actes ? On ne va quand même pas envoyer les flics à 6 h du mat' chez les patrons des grandes entreprises pollueuses pour atteinte à la sûreté de la cuvette ?

Les manifestants des marches, « plus chauds que le climat », restent flous sur leurs demandes. Il y a bien entendu quelques banalités qui tournent en boucle : augmenter la part du vélo et des transports en commun, réduire celle de la voiture, moins consommer, mieux trier ses déchets, isoler sa maison, etc. Depuis début 2019, quelques campagnes sont menées contre l'avion ou les croisières de luxe. Tout le monde s'indigne sur ce qui se passe au loin, la banquise qui fond et l'Amazonie qui brûle. Mais il y a peu de revendications locales concrètes, à part l'arrêt de projets inutiles. Les cortèges grenoblois demandent par exemple l'arrêt de l'élargissement de l'A480 ou de la construction de grandes surfaces. Des revendications évidentes, pointant du doigt l'hypocrisie des engagements « écologistes » des élus locaux, qui continuent également à bétonner d'anciens jardins ouvriers comme à Saint-Martin-le-Vinoux ou les dernières terres agricoles de la cuvette, comme pour le projet des Portes du Vercors à Fontaine et Sassenage.

Pour mettre en place « l'état d'urgence climatique », le maire de Grenoble faisait à cette époque surtout des coups de com'. Début septembre 2019, il a pris un arrêté anti-pesticides avec les villes de Paris, Lille, Nantes et Clermont-Ferrand. C'est beau de se battre contre les pesticides, mais en ville ça ne sert pas à grand chose : les collectivités locales et les particuliers ne peuvent déjà plus en utiliser. Si quelques entreprises s'en servent encore en milieu urbain, cet arrêté s'apparente à un coup d'épée dans l'eau. Et pourquoi pas un arrêté du maire de Grenoble contre l'utilisation des canons à neige ou contre l'accostage des yachts sur les quais de l'Isère ?

Car Grenoble n'est pas une ville d'agriculteurs, mais de techniciens et d'ingénieurs. Et s'il est facile (et souvent justifié) de s'en prendre aux épandages chimiques des bouseux de la campagne, il est beaucoup plus inconfortable, pour les écotechniciens grenoblois, de remettre en cause les pratiques des labos et industries locales. Alors que si on prétend militer pour un « état d'urgence climatique » au niveau local, il faut avant tout s'interroger sur le sens des activités scientifiques. Ces interrogations étaient complètement absentes des marches pour le climat et du discours des élus, même de ceux qui militent pour un « état d'urgence climatique ». Or, faire de grands discours alarmistes tout en continuant à soutenir l'innovation technologique et ses besoins énergivores est du ressort de la schizophrénie.

Après avoir décrit rapidement tous les désastres que causera la 5G, je concluais donc par la nécessité de prendre un arrêté anti-5G « tant qu'il est encore temps » :

« Il n'y a qu'une chose à faire : interdire la 5G, empêcher les opérateurs de poser des antennes, couper les fonds aux labos publics qui bossent dessus. La 5G n'est pas encore là, elle devrait commencer à être déployée dans les villes au début de l'année 2020. Il est donc encore temps de s'y opposer, d'empêcher son déploiement. Bien entendu, il y a plein de choses qu'il faudrait stopper, de labos qu'il faudrait démonter et de productions qu'il faudrait arrêter. Mais le plus simple pour commencer, c'est de ne pas faire ce qui n'existe pas encore. Si on est en "état d'urgence climatique", le minimum est de ne pas développer des innovations inutiles et énergivores.

Le cadre municipal n'est pas forcément optimal. Mais quelle importance ? Même si cela n'a aucune base légale, comme l'arrêté anti-pesticides d'ailleurs, un arrêté grenoblois anti-5G serait pour une fois une bonne "innovation" grenobloise qui pourrait faire boule de neige. Et montrer un peu de cohérence par rapport aux grandes déclarations sur l'état d'urgence climatique. »

J'avais écrit ça sans trop y croire, comme à chaque fois. Depuis onze ans qu'on bricole ce canard, on a régulièrement le sentiment de prendre des positions pleines de bon sens, mais qui ne trouvent jamais d'écho, ou si peu, ou juste dans quelques cercles d'avertis. Les autres nous regardent gentiment avec des airs de « ah oui, vous avez raison mais on n'arrête pas le progrès », « c'est sûr, c'est aberrant, mais que voulez-vous le monde est comme ça ». Défaitistes, nous pensions que le combat contre la 5G intéresserait seulement, comme toujours, celles et ceux qui se mobilisent contre le compteur Linky ou le flicage total.

C'est pour ça que ça m'a surpris – et questionné – que Piolle s'engage dans le combat contre la 5G, tout d'abord lors de cette conférence de presse de mars 2020, puis dans ses prises de position de l'été 2020, où il a officiellement réclamé un « moratoire » sur cette technologie et a refusé les premières demandes d'installation de ces antennes-relais. Sa petite phrase sur l'inutilité de la 5G « qui sert à regarder du porno en HD dans l'ascenseur » a fait le tour des réseaux sociaux. C'est la première fois que ça m'arrive : ce mois de septembre 2020, en le voyant devenir une des figures nationales de « résistance » à la 5G, j'ai éprouvé une sorte de toute petite fierté que ce soit le maire de ma ville qui fasse ça.

Cette prise de position est quand même un peu étonnante car depuis six ans qu'il dirige la mairie de Grenoble, Éric Piolle *n'a jamais* rien dit sur le déferlement technologique ou l'invasion du numérique dans tous les recoins de nos vies, fidèle à la ligne d'Erwan Lecœur qui m'avait asséné que « toute nouvelle technologie, toute innovation est écologique avant tout ».

Jusque là, les écolos au pouvoir avaient été fidèles à la ligne dénoncée par Tomjo dans *L'Enfer Vert. Un projet pavé de bonnes intentions* (éd. L'Échappée, 2013). Dans ce bouquin détaillant les méfaits des écolo-technocrates lillois, cet ancien rédacteur du journal lillois *La Brique*, ancien de Chiche ! aussi, et actuel pilier du site chez-renart.info (Nouvelles du nord et d'ailleurs) montrait comment les écolos au pouvoir apportaient juste un « supplément d'âme » à la fuite en avant technologique : « On vous parle donc de partout, du techno-monde unifié par l'économie. Il s'agit d'une dictature technique au nom de l'urgence écologique. Laquelle utilise l'effondrement de la société, du lien social jusqu'à la biodiversité, pour justifier son emprise totale. Elle n'est pas le fait d'une droite dure. Néolibérale. Non, ils sont du bon côté du manche. Ils ont leur conscience pour eux. Ils œuvrent pour sauver la planète et en plus ils ont tout bon : ils écoutent de la musique de jeunes, ils ne sont pas contre un petit joint, ils promeuvent la diversité et la parité, ils ont des vélos à 400 euros et ne mettent pas de cravate. Ce sont des ambitieux, taillés pour la gestion des affaires, qui n'ont quasiment jamais milité ailleurs que dans les bureaux de la technocratie.»

Le premier mandat de Piolle s'est inscrit dans ce cadre, les alter-élus accompagnant sans moufter le développement du techno-monde dans cette «capitale de l'innovation» qu'est Grenoble. L'éco-maire a certes fait preuve de moins d'enthousiasme que son prédécesseur Michel Destot, pour qui le progrès technologique était une religion, et qui ne manquait jamais une occasion de s'extasier devant la moindre innovation, aussi futile soit-elle. Si Piolle n'a pas eu la même techno-béatitude, on ne l'a néanmoins jamais entendu critiquer le développement de l'e-monde. Dans les raouts technologiques, il se contentait généralement d'énoncer quelques banalités contemporaines, du style «il faut orienter l'innovation vers la transition écologique». Pendant la campagne de 2014, il s'était engagé à «rompre avec la démagogie et le discours sécuritaire» et réorienter « les moyens affectés par la majorité actuelle à la vidéosurveillance et l'armement de la police municipale afin d'assurer une présence humaine dans les quartiers (éducateurs, médiateurs de jour et de nuit selon les quartiers)» (engagement nº 95). Après son élection, il avait même annoncé vouloir démonter les caméras de vidéosurveillance pour les revendre à Estrosi, le maire LR de Nice, avant de courageusement rétropédaler devant le tollé médiatique suscité en prétendant que «c'était une blague». Pauvre dérobade. Aujourd'hui, la «blague» est loin derrière et, même si la posture affichée est toujours de refuser d'en installer partout, les verts-rouges rentrent peu à peu dans le pli sécuritaire. Dans les débats des élections de 2020, Piolle est allé jusqu'à revendiquer avoir posé 30% de caméras de plus dans l'espace public : «On les a pas démontées, on en a même rajouté une vingtaine [sur quatre-vingts]» a-t-il assuré sur TéléGrenoble (10/03/2020). Il a également souvent répété avoir installé «plusieurs milliers de caméras» dans les transports en commun, les halls d'immeubles de logements sociaux, les bâtiments publics... À la « présence humaine » revendiquée en 2014, Piolle a préféré truffer tous ces espaces publics de milliers de mouchards.

En matière d'écologie, si tout le monde est d'accord pour développer les vélos et limiter l'artificialisation des sols, rares sont ceux qui évoquent les ravages des nouvelles technologies, de l'extraction des métaux rares à la consommation énergétique exponentielle en passant par l'obsolescence programmée des appareils et le délitement du lien social créé par la connexion généralisée.

Et encore moins à Grenoble. Quantité de chercheurs, ingénieurs, techniciens œuvrent pour développer ces nouvelles technologies et ils constituent une partie importante de l'électorat de Piolle. Jusqu'à peu, ils ne voyaient guère de contradiction entre se déclarer écolos et bosser quotidiennement à l'artificialisation du monde.

Mais depuis quelques années, le vent tourne peu à peu. De plus en plus d'ingénieurs « désertent ». De plus en plus d'étudiants ingénieurs constatent avec dépit le fossé énorme entre les nécessités écologiques et les réalités de leur futur métier. Le *low-tech* est de plus en plus promu. Selon un sondage Odoxa du 3 octobre 2019, « 54 % des Français sont pour la décroissance ». Un autre sondage Opinion Way du 26 août 2020 indique que « 65 % des Français sont favorables à la suspension du développement de la 5G ».

La prise de position de Piolle est surtout représentative de ce lent changement de mentalité. La 5G est l'aberration de trop. Déployer des millions de nouvelles antennes, changer tous les téléphones devenus obsolètes, tout ça pour gagner quelques secondes de téléchargement et faire rouler des voitures autonomes : c'est indéfendable d'un point de vue écologique.

Si la 5G est aberrante, la numérisation généralisée à l'œuvre avec « seulement » la 4G est déjà un désastre. Or Piolle ne dit rien là-dessus et milite même pour la société hyper-connectée : en même temps qu'il critique la 5G, il réclame que « la priorité soit mise sur la fin des zones blanches » : « Je suis pour l'internet du quotidien, pour toutes et tous, partout. » D'ailleurs, lui-même apparaît souvent en public avec deux voire trois smartphones à la main.

La connexion haut-débit généralisée, c'est pourtant ce qui rend possible la numérisation totale des services, la fermeture des services publics et les dédales de plus en plus kafkaïens de l'accès aux droits et aux services en général. Je pense que la seule mesure vraiment écologique, c'est d'imposer un droit à la déconnexion et la possibilité de vivre sans smartphone ni box internet. Bien sûr, il faut combattre la 5G, mais aussi stopper en général le développement de la numérisation et de la vie virtuelle.

Or les politiques menées par les verts-rouges à Grenoble vont dans le sens inverse et participent au développement de la « *smart city* » que Piolle critique lors de la polémique sur la 5G. Au chapitre précédent, j'ai évoqué comment la Métropole développe le flicage des déplacements dans l'agglomération, avec d'une part la future « voie de covoiturage » sur l'autoroute A480 élargie à trois voies, qui sera contrôlée par du vidéo-flicage, et d'autre part le développement des paiements sans contact ou par SMS ou de l'application Pass Mobilité dans les transports en commun. Depuis le confinement, il n'est plus possible d'acheter son ticket dans les bus en liquide, seulement par mobile ou smartphone.

Un point de détail ? Pas pour les quelques personnes vivant encore sans téléphone mobile, car oui il en reste. D'ailleurs j'en fais partie, ce n'est ni une honte ni une fierté, juste une volonté de ne pas avoir cet objet dont les promoteurs nous répétaient il y a vingt ans qu'on avait le choix d'en posséder un ou pas. Ces dernières années, ne pas avoir de mobile devient de plus en plus une aventure et je vois l'étau se resserrer, tout ce qu'on ne peut plus faire sans 06, tous ces services qui t'envoient un code par SMS, et bientôt un simple portable ne suffira pas, il faudra avoir un smartphone pour télécharger des applis afin de réaliser des gestes banals, prendre le train, le bus, un vélo en libre service, faire des courses, avoir accès à son compte en ligne. Ces élus qui se prétendent écolos participent activement au resserrement de l'étau de la numérisation généralisée, et donc au développement de la ville entièrement algorithmée et surveillée.

D'autres exemples ? Sous couvert de mettre « le numérique au service de l'humain» (Plan lecture 2018-2025, « Ouvrir grand les bibliothèques », 2020), les élus verts-rouges grenoblois sont en train de mettre des puces RFID sur tous les documents des bibliothèques et de déposséder les bibliothécaires d'une partie de leur métier avec l'installation d'automates de prêts-retours.

Sous prétexte de réduction des déchets, les mêmes élus s'apprêtent à installer des compteurs d'eau et d'électricité « encore plus intelligents » que le compteur Linky dans les appartements grenoblois ou à mettre des puces RFID sur toutes les poubelles de l'agglomération, afin d'installer une « redevance incitative » en pistant ce que chaque habitant jette. Des poubelles à verre qui sont déjà équipées du dispositif Cliink, où la technologie infantilise totalement les habitants. En activant une appli sur son smartphone devant le bac à verre, on peut « gagner des points » à chaque bouteille jetée, et ensuite obtenir des bons de réductions dans certains commerces. Heineken France est notamment un des partenaires de cette « solution innovante pour *smart city* ». Et la technologie mise en place pour identifier ce que jette l'utilisateur a été mise au point au LETI (Laboratoire d'électronique et de technologie d'information) du CEA de Grenoble, dans le cadre du pôle de compétitivité grenoblois Minalogic, structure abreuvée d'argent public.

Face à ces faits, Piolle nage en pleine réalité virtuelle. Dans un article de *L'Obs* (17/09/2020), il entretient cette mystification sur ce que serait Grenoble. « Grenoble n'adopte pas l'innovation des GAFAM [les géants de la technologie], n'adopte pas l'ubérisation [l'économie de services type Uber ou Deliveroo]. C'est une ville qui innove sur la transition écologique, sur la justice sociale. Ce n'est pas chez nous qu'on va inventer la 6 ou la 7G ! »

Dans le même article, on apprend pourtant qu'au CEA-Grenoble, où se sont déroulés les tests grenoblois sur la 5G, sont en train d'être réalisés « "des travaux exploratoires sur l'après-5G", selon la dénomination de Jean-Baptiste Doré pour qualifier les futurs réseaux 5G + et 6G » (*Nouvel Obs*, 17/09/2020).

Mais peu importe la réalité pour le maire de Grenoble : « *Ici, c'est Grenoble !* » Une ville où quand la mairie organise une conférence, comme celle de l'économiste Gaël Giraud, le 1er octobre 2020, elle est juste virtuelle et « retransmise en direct sur Facebook », un des fameux GAFAM. Faut dire aussi qu'aucune conseillère municipale n'a été déléguée aux « logiciels libres ». Amel Zenati est par contre en charge de la « transition numérique et de la stratégie de la donnée ». Une « transition numérique » et une « stratégie de la donnée » qui vont avant tout servir aux GAFAM et à l'ubérisation, quoi qu'en pense le maire de Grenoble.

La Métropole de Grenoble, dirigée notamment par les élus verts-rouges, a embauché un « chargé de mission Aménagement numérique et Smart City ». Ce Laurent Deslattes est d'ailleurs le mari de Céline Deslattes une nouvelle élue verte-rouge, vice-présidente de la Métropole – la cuvette est quand même petite.

La conseillère municipale déléguée à la « transition numérique », Amel Zenati, bosse comme ingénieur-cadre dans la multinationale STMicroelectronics. C'est pas la seule membre de la majorité, Gilles Namur, le deuxième adjoint en charge de la « nature en ville », est lui aussi *design* cadre architecte chez STMicro, grand acteur du développement de l'internet des objets et de la « *smart city* » et qui a pour slogan phare « life.augmented ». Encore une fois, le problème n'est pas tant de bosser dans ce genre de boîte (tout le monde a besoin d'argent), mais de ne pas critiquer publiquement les finalités de ces industries tout en se prétendant écologiste.

En dehors des élus, nombre d'électeurs de Piolle travaillent pour des boîtes high-tech, sans jamais remettre en cause l'objet de leurs business, qui prolifèrent souvent sur le développement de la *smart city*. En 2017, Piolle inaugurait avec enthousiasme le « Technopôle » de Schneider Electrics, un bâtiment « Smart grid ready intelligent » de cette entreprise, où sont développées des « solutions smart city » et des plateformes « compatibles Internet des objets ». La porte-parole du CEA-Grenoble, qui œuvre beaucoup à optimiser une « ville sous surveillance » affirme : « "À Grenoble, nous ne sommes pas chez les Amish, mais dans une ville innovante et connectée, où le CEA travaille pour faire avancer la technologie, toujours au service de la société", insiste Marie-Ange Folacci, se félicitant des liens réguliers avec la mairie, sous toutes les mandatures. » (*L'Obs*, 17/09/2020). Soitec, une entreprise de matériaux semi-conducteurs dont Piolle possédait des actions, est en train de rediriger entièrement son *business plan* en direction de la 5G. La multinationale chinoise Huawei, « leader des fournisseurs de la 5G », a un centre de R&D à Grenoble. Etc., etc. On pourrait allonger presque à l'infini la liste des entreprises locales œuvrant à ce futur orwellien. « Je sais que les acteurs économiques grenoblois peuvent avoir un temps d'avance sur les défis du monde de demain : c'est notre force depuis toujours » a affirmé Piolle dans *Le Daubé* (20/11/2018). Si on pense que « les défis du monde de demain » sont la numérisation généralisée, la dépendance toujours accrue aux technologies, le resserrement de l'étau de la surveillance connectée, alors oui Grenoble a toujours « un temps d'avance ».

Avec ou sans 5G, les intérêts économiques puissants grenoblois et mondiaux veulent augmenter leur chiffre d'affaires en accélérant toujours plus la « transition numérique » et le développement de la société virtuelle. En attaquant seulement la 5G, et en militant par ailleurs pour la connexion généralisée, Piolle fait partie de leurs alliés.

Dessin publié dans Le Postillon n°30 — Avril 2015

CHAPITRE DOUZE

DU VERT À MOITIÉ VIDE AU VIDE À MOITIÉ VERT

Depuis mon voyage en stop vers Marseille, je repense souvent à Maryline et à son horizon bleu-gris d'Orange. À chaque fois que j'écris sur Piolle, ou presque, je me demande quel serait son avis, elle qui n'a pas le « luxe » de pouvoir critiquer la gauche, elle qui vit dans une ville ou le maire d'extrême droite Jacques Bompard a fait 56 % des voix au second tour, pendant qu'un candidat du Rassemblement national en récoltait 7,86 %. Je me demande si elle cherche toujours un « Espoir » à gauche, si elle croit toujours en des lendemains électoraux qui chantent.

Je ne parierai pas qu'elle lira ce bouquin un jour, j'espère un peu quand même, sait-on jamais.

C'est pas facile de trouver le ton juste, de ne pas être caricatural dans la critique ou de ne pas être trop empathique. Certains de mes relecteurs pensent que je suis trop gentil avec ces écolotechnocrates, que ce sont « les meilleurs techniciens du système », que la critique devrait être plus impitoyable, que Piolle s'en sort trop bien, comme si c'était « un bon bougre » alors qu'il est « manipulateur et menteur ». Moi, je voulais pas écrire un tract mais apporter les éléments de réflexion les plus pertinents par rapport à tout ce que j'ai pu observer.

Depuis le printemps 2020, Piolle, Ruffin et d'autres militent ouvertement pour une union de la gauche pour les présidentielles de 2022, « des socialistes à la France insoumise », un « arc humaniste avec l'écologie comme socle ». Tout ce qui est à gauche de Macron est bienvenu.

Même ceux qui soutenaient le président deux semaines auparavant.

Même ceux qui étaient dans le même gouvernement que lui sous François Hollande, menant d'ailleurs à peu près la même politique, avec une pointe d'arrogance en moins.

Au moment de la contestation de la loi Travail, en 2016, François Ruffin incitait le poing levé à faire « le serment de ne plus jamais voter PS ». Quatre ans plus tard, il veut s'allier avec ce parti qui comme d'habitude s'est un peu gauchisé le temps d'un passage dans l'opposition mais qui saura à coup sûr retrouver les automatismes de sa « culture du pouvoir » une fois revenu aux manettes.

Encore une fois, j'ai beaucoup plus d'estime pour le boulot de Ruffin que pour celui de Piolle ou des socialistes. Mais penser pouvoir réellement changer les choses en s'alliant avec ces énergumènes est au mieux de la naïveté, au pire un grand foutage de gueule. Et l'absence de questionnements sur les travers de la culture du pouvoir ne peut que renforcer le scepticisme et donner raison aux contempteurs de l'électoralisme.

Il y a plus de cent quarante ans, la révolutionnaire Louise Michel expliquait déjà à propos de la Commune de Paris : « Si un pouvoir quelconque pouvait faire quelque chose, c'était bien la Commune composée d'hommes d'intelligence, de courage, d'une incroyable honnêteté et qui avaient donné d'incontestables preuves de dévouement et d'énergie. Le pouvoir les annihila, ne leur laissant plus d'implacable volonté que pour le sacrifice. C'est que le pouvoir est maudit, et c'est pour cela que je suis anarchiste. » L'année dernière, Isabelle Attard, ancienne députée de 2012 à 2017 d'abord affiliée à EELV, puis à Nouvelle Donne, puis sans étiquette, a sorti un bouquin : *Comment je suis devenu anarchiste* (éd. Le Seuil, 2019). Depuis, elle explique dans des interviews que « le pouvoir corrompt, rend fou et que l'assemblée nationale ne sert à rien » et milite pour le « municipalisme libertaire », soit un « fonctionnement démocratique de fédérations d'assemblées locales autonomes ».

Moi, je n'aime pas les gros mots comme « révolutionnaire » ou « anarchiste ». Je ne milite pour aucune chapelle et connais quelques travers de la chapelle libertaire.

Une chapelle à laquelle appartenait voilà quelques années un certain Antoine Back, militant actif à la CNT (Confédération nationale du travail) de Grenoble. En 2012, ce fervent anarcho-syndicaliste est tombé sous le charme de Jean-Luc Mélenchon, a rejoint le Front de gauche et le micro-parti Gauche anticapitaliste. « À un moment, faut prendre le pouvoir si on veut changer les choses », qu'il m'avait dit. Je le croisais des fois, dans les squats et les soirées altermondaines. Il était guitariste dans un groupe de punk baptisé Petra Schelm, du nom d'une membre de la première génération de la Fraction armée rouge (RAF) allemande.

En 2014, il s'est trouvé une place sur la liste de Piolle, puis un rôle d'adjoint de secteur et de « coordination de la gestion urbaine et sociale de proximité» – et les indemnités qui vont avec. Je l'ai vu se faire gueuler dessus à des réunions de quartier. Je l'ai vu poser dans *Le Daubé*, tout fier d'aider les ouvriers municipaux à installer des cendriers urbains. Je l'ai vu promouvoir les «Chantiers ouverts au public», une des rares initiatives de la municipalité Piolle que je trouve pertinentes, réunissant des agents de la Ville, des bénévoles et des habitants autour d'un projet commun sur l'espace public. Je l'ai vu parader sur Twitter et Facebook, se revendiquer de l'écosocialisme ou du municipalisme libertaire ou poster du charabia à propos d'un «café collapsologie» : «#Écoféminisme et #collapsologie, la deuxième #ConvergenceDesLuttes ? ce soir à #Grenoble : critique du dualisme et de l'essentialisme, apports du matérialisme, intersectionnalités...»

Depuis les élections de 2020, il a remplacé Marina Girod de l'Ain, l'ancienne adjointe à l'évaluation des politiques publiques, une délégation-sinécure qui ne disposait d'aucun service pour travailler. L'appellation de la délégation s'est mise au goût du jour et s'appelle désormais «risques, prospectives, évaluation et nouveaux indicateurs, stratégie alimentaire» – en clair, il occupe le créneau de la collapsologie. Il a été un des porte-parole les plus enthousiastes de la candidature de Grenoble au titre de «Capitale verte de l'Europe 2022». Une candidature essentiellement soutenue par les patrons : pour sauver le grand bide rencontré par l'appel à soutiens numériques à cette candidature uniquement technocratique, le Medef, le campus de GIANT (Grenoble Innovation for Advanced New Technologies), la fondation Louis Vicat, Grenoble école de management, la marque Grenoble-Alpes, etc., sont venus apporter leur *like* «Nous sommes Grenoble 2022» à cette initiative de promotion territoriale.

Le 8 octobre 2020, Grenoble a finalement gagné ce titre. Sur les photos, j'ai vu Antoine Back tout sourire, comme un coq en pâte, avec une quinzaine de personnes dont Éric Piolle, les bras en l'air comme s'il venait de gagner une étape du Tour de France, et Jean Vaylet, le président de la CCI (Chambre de commerce et d'industrie) de Grenoble et ancien grand patron dans le secteur de la microélectronique.

Un patron qui s'extasie devant cette « victoire » : « Il s'agit d'un très bon projet sociétal et économique. [...] Le monde économique travaille avec l'image de sa ville ; or en termes de marketing territorial, ce titre élimine le *bashing*, créera du business et nous positionne en avance. » (*Le Daubé*, 9/10/2020)

En regardant Antoine Back exulter, je me demandais s'il croyait vraiment à tout ce cirque. On a le droit de changer, et souvent on s'assagit en vieillissant, moi-même je me ramollis d'année en année, pour le meilleur et pour le pire d'ailleurs, en tout cas je prends de plus en plus mes distances avec les chapelles libertaires dans lesquelles je m'ébaudissais il y a quinze ans. Mais quand même : entre l'anarcho-syndicalisme et la jubilation pour une victoire à un concours de marketing territorial, il y a un gouffre, et ceux qui passent d'un côté à l'autre n'en finissent pas de m'affliger.

Bref, ce titre de « Capitale verte de l'Europe 2022 », une « victoire » pour Éric Piolle selon *Le Daubé* (10/10/2020), me paraît assez représentatif de son mandat, où la communication sert à « créer du business » et positionner Grenoble « en avance » sans chercher à faire réfléchir.

Ça me rappelle l'histoire des Jeux olympiques, ce titre honorifique. En 2018, c'était le cinquantenaire des JO de Grenoble. Les élus verts-rouges ont été tout fiers de présenter les dizaines d'événements pour célébrer cet anniversaire, coorganisés avec le département, la Métropole, l'État, les fédérations ou le COLJOG (Conservatoire observatoire laboratoire des Jeux olympiques de Grenoble). « Ce n'est pas une commémoration, mais une célébration », précisait Piolle à *L'Essor* (11/11/2017). Un événement dont ils ont toujours refusé de donner le montant aux oppositions. Certains adjoints ont lâché le chiffre de 600 000 €, dépensés peu après avoir fermé deux bibliothèques en prétendant qu'il n'y avait plus d'argent dans les caisses. Le but était de créer « un événement festif, populaire, sportif, culturel, intergénérationnel »... Ce qui semble certain, c'est que le but n'était pas de faire réfléchir. En survolant le programme, on ne voyait aucune trace d'esprit critique sur le déroulement et le bilan de ces JO.

Et pourtant... Dix ans à peine auparavant, les Verts se montraient bien moins béats à propos du cirque olympique. Alors que le Comité anti-olympique 38[19] (CAO 38) faisait feu de tout bois contre la candidature de Grenoble aux JO de 2018, les Verts s'étaient eux aussi positionnés contre ce projet. Dans une copieuse brochures de 46 pages, les militants d'EELV analysaient « la face cachée de la candidature » et revenaient notamment sur les JO de 1968 en exhumant des documents d'archives. Extraits : « S'il est effectivement facile de voir, à travers les verres déformants de la politique, cet événement comme une renaissance de la ville, cela devient impossible dès lors qu'on consulte témoignages, rapports et autres analyses de l'objet, qu'ils datent de l'époque ou d'aujourd'hui. En effet, exceptés les membres du Coljog [avec qui la municipalité est maintenant partenaire !], il est rare de trouver des experts qui gardent un bon souvenir de la manifestation. Le rapport de Danielle Dailly, publié en 1970, soit deux ans à peine après les Jeux, intitulé *L'influence des Jeux Olympiques sur le développement de Grenoble* [disponible aux archives de la ville de Grenoble] est, sur ce point, sans concession. [...] Le second volet du "mythe des Jeux" prétend qu'ils furent un formidable tremplin pour l'activité économique locale. Les deux courbes ci-dessus illustrent les conséquences directes de la préparation des JO sur l'état des finances locales : une dette qui explose, des impôts locaux multipliés par plus de 2,6 en seulement trois ans [...]. »

---

19. Le site du Comité anti-olympique http://cao38.eu.org est toujours consultable et très instructif.

Dix ans plus tard, on n'a entendu aucun élu municipal exprimer le moindre recul par rapport à la propagande « célébrant » les JO de 1968. Ni profiter de l'occasion pour dénoncer, par exemple, les magouilles du CIO (Comité international olympique), les ravages des jeux organisés en Grèce ou au Brésil, le catastrophique « bilan carbone » de tels événements planétaires. Il y en aurait, de belles expos à faire !

Dans le même texte, les Verts citent un passage édifiant du bouquin de Pierre Frappat, *Grenoble, le mythe blessé* (éd. Alain Moreau, 1979). « Et puis, la plupart des Grenoblois n'assistèrent aux Jeux que devant leurs postes de télévision, la majorité d'entre eux étant écartée des stades ou des pistes par la rareté des places ou leur prix prohibitif. Les Grenoblois ne manifestèrent jamais, ni avant ni pendant, un grand enthousiasme à l'égard des JO. Déjà, quand le docteur Michallon [maire de l'époque] obtint les Jeux en janvier 1964, malgré une presse qui avait chauffé son public, il n'y eut que quelques dizaines de Grenoblois qui se déplacèrent à la gare pour accueillir le triomphateur. N'est-ce pas cette même froideur qui explique que dix ans après, en février 1978, malgré les tentatives de quelques-uns, le dixième anniversaire des Jeux n'ait donné lieu qu'à quelques très modestes manifestations ? Si les Jeux olympiques sont loin, les Grenoblois en paient cependant toujours la note. »

Les grands événements, c'est comme le bon vin, ça se bonifie avec l'âge.

Les convictions des élus verts-rouges, par contre, ça devient de la vieille pisse d'âne une fois qu'ils sont parvenus au pouvoir.

Dans ce bouquin, je n'ai pas parlé de tous les sujets qui ont agité l'actualité grenobloise ces six dernières années, la culture, les faits-divers, la privatisation de deux bailleurs de logement social de la Ville, le burkini dans les piscines, le Tour de France, les bouchons, la réduction de la vitesse à 30 kilomètres-heure, les choix discutables de pistes cyclables, etc.

Je n'avais pas pour ambition de pondre une thèse prétendant à l'exhaustivité. Au début je voulais juste faire une compil des articles parus dans *Le Postillon*. Mais beaucoup étaient périmés, difficiles à comprendre pour les non-Grenoblois, alors finalement j'ai maltraité ma fainéantise pour pondre un bouquin. Je voulais éclairer la lanterne de toutes les Maryline, de tous ceux séduits par la montée en puissance de Piolle au niveau national. Et puis aussi apporter de la matière à réflexion aux habitants des nouvelles villes dirigées par les verts-rouges.

Car après les municipales 2020, des sosies de Piolle sont apparus un peu partout. Les écologistes, souvent alliés à la France insoumise, au Parti communiste et au Parti socialiste, ont gagné d'autres grandes villes, Lyon et sa métropole, Marseille, Bordeaux, Poitiers, Tours, Strasbourg, Besançon, Annecy.

La plupart des nouveaux maires écolos sont des hommes et ressemblent à Piolle : look de cadre dynamique comme les macronistes, généralement le même *dress code*, jean, chemise blanche ou bleu clair, veste foncée, visage sympathique et déterminé. Et tous sont issus des mêmes catégories professionnelles.

Pierre Hurmic, le maire de Bordeaux, est avocat. Emmanuel Denis, le maire de Tours, est ingénieur projet chez la multinationale STMicroelectronics. François Astorg, le maire d'Annecy qui a fusionné avec la liste de la député dissidente LREM, est consultant. Grégory Doucet, le maire de Lyon, est cadre dans l'humanitaire. Bruno Bernard, le président de la Métropole de Lyon, est chef d'entreprise.

Mais les femmes ne sont pas en reste. Léonore Moncond'huy, maire de Poitiers, est directrice de projet. Michèle Rubirola, maire de Marseille, est médecin. Jeanne Barseghian, maire de Strasbourg, est juriste et consultante.

Piolle a fait des petits et il en est évidemment très fier. Après le second tour, comme en 2014, je suis allé à la fête organisée après sa victoire, le soir du 28 juin 2020, sur la place Grenette, où il y avait deux ou trois cents supporters. Cette fois-là, je ne connaissais presque personne.
Rassurant, quelque part.
Mais pas très marrant, ni très abreuvant, j'ai l'alcoolisme plutôt social.
Mais surtout l'ambiance n'était plus la même, la douce euphorie de 2014, où transpirait le sentiment d'avoir réalisé un truc complètement inattendu, avait disparu.
Cette fois-ci flottait dans l'air comme une arrogance.

Piolle a fait un long discours, que du très classique, nous sommes des pionniers depuis toujours dans tous les domaines, blablabla, amplifier les transitions, blablabla, un temps d'avance, blablabla, *ici, c'est Grenoble!*, blablabla, Grenoble est une promesse, blablabla, notre victoire à tous, qui s'est faite contre personne, blablabla, front anti-climat, blablabla maire de toutes les Grenobloises et tous les Grenoblois blablabla c'est un jour extraordinaire aujourd'hui.

Cette fois-ci encore il a fait mention d'Enzo Lesourt, qui lui écrit ses discours, mais, franchement celui-là, moi ou un robot aurait pu le faire, tellement toutes ces phrases étaient attendues.

Pas une seule fois, pendant les 24 minutes de son discours, le maire de Grenoble n'a parlé de l'abstention, pourtant grande gagnante de ces élections. Si Piolle a récolté 53,14 % des voix, contre 40 % en 2014, moins d'électeurs ont en fait voté pour lui, 16 169 contre 19 677 en 2014, la faute aux 65 % d'abstention. C'est-à-dire que Piolle n'a recueilli les voix que de 19 % des électeurs grenoblois, et encore sans compter celles des non-inscrits très nombreux à Grenoble, vu que la ville compte 160 000 habitants et seulement 85 000 électeurs. Ce déficit de représentation purement quantitatif est amplifié par une augmentation de l'abstention dans les quartiers populaires du sud beaucoup plus importante que dans ceux du nord où réside principalement l'électorat de Piolle.

Piolle a trouvé le moyen de ne pas dire un mot sur les 70 % de Grenoblois en âge de voter qui ne sont pas allés aux urnes, préférant s'extasier sur ce « jour extraordinaire ».

Le maire de Lyon Grégory Doucet est allé encore plus loin. À une journaliste de LCI (29/06/2020) qui lui demandait si l'abstention très importante (63 %) ne remettait pas en cause son interprétation des résultats, il a répondu : « Pas une seconde ! Ça fait tellement longtemps que les Lyonnaises et les Lyonnais se sont exprimés en faveur de l'écologie, l'envie d'écologie dans cette ville était tellement forte... Je ne crois pas que ce soit l'abstention d'aujourd'hui qui peut remettre tout ça en question ». Pour ces éco-maires, peu importe que les deux tiers des inscrits n'aillent pas aux urnes, l'important c'est avant tout d'avoir le pouvoir.

Bien entendu, l'abstention n'est pas née avec Piolle ou Grégory Doucet, mais quand même, quand on est élu dans ces conditions, et quand on représente avant tout une classe sociale favorisée, le minimum c'est de faire profil bas, de ne pas trop la ramener à grands coups de « pionniers » et de « on est les champions ».

La vague verte est une vaguelette, surnageant seulement sur l'océan des magouilles politiciennes.

La vague de fond, c'est la fin du mythe démocratique, et le fait que les élus ne représentent plus qu'une minorité d'électeurs, souvent plus ou moins de la même caste, surdiplômée et sans problème de fin de mois.

Partant de là, le combat démocratique en vaut-il encore la chandelle ? Malgré ce manque de légitimité écrasant, est-il utile d'être au pouvoir pour faire changer les choses ?

Depuis les municipales de 2020, pas un jour ne passe sans une nouvelle polémique autour des nouveaux maires écolos.

«Les nouveaux khmers verts», «la dérive radicale des nouveaux maires écologistes», «les folies des maires écolos», etc., etc., la presse de droite, du centre, ou même de gauche, entretient un de ses feuilletons préférés en faisant passer les nouvelles municipalités pour «radicales» ou complètement différentes des élus des partis «classiques». À chaque fois, une petite phrase, sur le Tour de France, la 5G ou la police, ou une petite décision, sur les sapins de Noël ou la place de la voiture, et les chroniqueurs montent sur leurs grands chevaux numériques, dans notre époque formidable de polémiques futiles incessantes et de lynchage sur les réseaux sociaux.

Ces critiques sur les nouvelles mairies écolos déchaînent les cas désespérés, comme cet Alexandre Devecchio, journaliste au *Figaro*, qui insinue que critiquer le Tour de France ou ne pas mettre un gigantesque sapin de Noël revient à «détruire nos traditions, notre histoire, notre art de vivre, tout ce qui fait notre civilisation» (Twitter, 16/09/2020).

Dans ce faux duel imposé par l'hystérie médiatique, je penche (presque) toujours vers les écolos, comment faire autrement ? Mais s'il fallait avant tout se détourner de ces faux duels ?

Ces petits buzz permanents polluent l'esprit et font oublier ce qui se cache derrière l'écran de fumée médiatique, à savoir, pour ce qui m'intéresse dans ce bouquin, les véritables actes des élus verts-rouges quand ils sont au pouvoir. Sur le cas grenoblois, au *Postillon* on a pas mal documenté ces actes. Quelques autres s'y sont aussi un peu attelés de manière critique, journalistes, militants, simples habitants.

Et pourtant, une fois passées quelques petites polémiques, j'ai l'impression qu'il ne reste que la communication de la bande à Piolle. Depuis le début de son mandat, «l'expérience grenobloise» bénéficie d'une bienveillante sympathie de la part de nombre de médias de gauche, qui ne veulent pas critiquer le «modèle grenoblois» en espérant qu'il serve d'exemple au niveau national.

Depuis la percée nationale du maire de Grenoble, le « récit » qui passe dans les médias nationaux est celui d'un maire écologiste qui aurait fait un premier mandat réussi (la preuve étant juste qu'il a été réélu) et qui se bat seulement contre l'obscur « front anti-climat ». S'il est critiqué, c'est presque uniquement sur son supposé « laxisme » sécuritaire.

Alors je me sens comme Cléante dans la pièce de Molière, tentant d'ouvrir les yeux d'Orgon sur la véritable nature de Tartuffe :

« Voilà de vos pareils le discours ordinaire.
Ils veulent que chacun soit aveugle comme eux.
C'est être libertin que d'avoir de bons yeux. [...]
De tous vos façonniers on n'est point les esclaves :
Il est de faux dévots ainsi que de faux braves. [...]
Les bons et vrais dévots, qu'on doit suivre à la trace,
Ne sont pas ceux aussi qui font tant de grimace.
Hé quoi ! Vous ne ferez nulle distinction
Entre l'hypocrisie et la dévotion ?
Vous les voulez traiter d'un semblable langage,
Et rendre même honneur au masque qu'au visage ;
Égaler l'artifice à la sincérité,
Confondre l'apparence avec la vérité,
Estimer le fantôme autant que la personne,
Et la fausse monnaie à l'égal de la bonne ? »

Les centaines d'articles, enquêtes, reportages, brèves, que j'ai écrits, sont tombés aux oubliettes, juste ressortis à l'occasion par quelques opposants politiciens à Piolle (comme les partisans de l'ancien maire corrompu Carignon), mais presque jamais utilisés pour raffermir l'esprit critique de partisans de l'émancipation ou des potentiels sympathisants des élus verts-rouges.

Pour eux, Piolle est juste un modèle à suivre, même pas à questionner.

Ah si, il y a ma mère, membre du « parlement » de « Réveillons Annecy», la liste menée par le nouveau maire écolo d'Annecy, François Astorg. «Les autres s'extasient devant Piolle. Moi je leur dis que tout n'est pas à prendre dans son bilan et qu'il faut avoir un esprit critique.»

Je suis content d'avoir apporté quelque chose à ma mère, mais, sans avoir beaucoup d'ambition, j'aimerais quand même parvenir à faire réfléchir d'autres personnes.

Faut dire que j'utilise pas les bonnes armes pour mon époque. Si je voulais vraiment « toucher les gens » et notamment les jeunes, il faudrait que je sois sur les réseaux, Facebook, Twitter, Snapchat, Instagram, YouTube, que je fasse des formats courts, sexy, *punchy*, accrocheurs. On me l'a dit souvent, avec une gentille condescendance, et je sais que sur le seul plan de l'efficacité, c'est la « voie » de la raison. Les fachos, les droitistes, les identitaires, les ultra-centristes, les gentils soc-dem, les bien-pensants, les gauchistes : aujourd'hui tout le monde mène la « bataille des idées » par écran interposé. Piolle lui-même est très actif virtuellement, ses comptes « GAFAM » sont alimentés quotidiennement et son équipe ne manque pas d'idées modernes pour muscler sa communication. On apprend par exemple dans la vidéo de 44 minutes du youtubeur activiste de *Partager c'est sympa* (YouTube, 26/02/2020, 123000 vues) intitulée « Comment faire chier un maire », qu'elle a été faite sur demande de Piolle : « Vous m'avez proposé de faire cette vidéo ensemble pour confronter nos points de vue et j'ai accepté », assure l'activiste. En voilà, de la stratégie pour toucher les jeunes et les connectés.

Moi, avec mon bimestriel vendu chez ces bons vieux buralistes, j'ai aucune stratégie moderne. Parce que j'ai une fierté et que je ne veux pas de ces armes de lobotomisation massive, du règne du zapping et de la sur-sollicitation permanente. Avec mes simples enchaînements de mots imprimés sur du papier, j'ai l'impression d'utiliser une fronde contre des chars d'assaut. Déserteur de la guerre de communication numérique, j'attends que les champs de bataille virtuels se vident.

Si Piolle incarne si bien un « modèle à suivre », c'est qu'il y a quelque chose de christique dans sa communication. S'il assure « prendre le contre-pied du mythe de l'homme providentiel » (*Challenges*, 26/08/2020), toute sa propagande est centrée sur sa personne ou son charisme. J'ai déjà évoqué ses affiches de campagne pour les municipales de 2020 avec sa tête en énorme et le slogan *« Ici, c'est Grenoble ! »* Je ne peux qu'inciter les internautes à aller voir son clip de campagne du second tour des élections municipales de 2020, diffusé notamment sur son compte Facebook le 22 juin, et qu'il introduit ainsi : « Des villes et des villages renaît l'espérance. Les temps qui viennent seront rudes. *Homo economicus* a vécu. Sur les ruines des dogmes, notre chemin sera de cultiver notre courage. Et nous puiserons dans nos poèmes la force de rendre envisageable ce qui n'a pas encore de nom ». La vidéo d'une minute trente le met en scène en train de déclamer un extrait du poème de Rudyard Kipling *Tu seras un homme mon fils* avec des nappes en fond sonore. Le résultat est assez saisissant d'immodestie et de messianisme.

Piolle se définit lui-même comme un « compagnon de route du christianisme » avec la particularité d'être « pratiquant mais pas croyant » (*Libération*, 8/04/2014). Selon *Libération* (14/09/2020), la plupart des nouveaux maires écolos sont des catholiques pour qui, comme Piolle, « l'Évangile est un moteur spirituel dans [leur] action politique ». Une foi qui n'exclut pas une mauvaise foi : « J'ai du mal à mentir, je sais pas trop faire. Je suis bon en mauvaise foi, moi » revendique même Piolle dans une vidéo TikTok (23/06/2020).

La religion implique de croire aveuglément à certaines choses, avec des postulats impossibles à questionner. Le fan club de Piolle a à peu près le même genre de travers, et le maire de Grenoble les nourrit bien en leur faisant miroiter un « espoir ». C'est un des mots qui reviennent le plus souvent dans ses discours.

Déjà pendant la campagne de 2014, le 27 mars devant la Maison de la culture, il proclamait : « Nous sommes en train de construire un chemin pour l'espoir ! » Pendant la campagne de 2020, il arborait souvent un tee-shirt siglé « l'espoir en commun ». Lors de son discours de victoire au soir du deuxième tour, mais aussi à plusieurs reprises pendant la campagne, il s'est émerveillé : « Ici, nous regardons l'espoir dans les yeux. »

« L'espoir » c'est flou, c'est vague et ça n'engage à rien si ce n'est offrir une alternative au duel Macron/Le Pen. Ça permet aussi de se placer sans contradiction possible dans le camp du bien (qui peut être contre l'espoir ?) même s'il s'agit en l'occurrence de la vieille gauche bourgeoise, les pistes cyclables en plus.

Et surtout, l'espoir, ça endort. Albert Camus disait déjà il y a quatre-vingts ans : « L'espoir, au contraire de ce qu'on croit, équivaut à la résignation. Et vivre, c'est ne pas se résigner. »

En critiquant cet « espoir » vide, on se retrouve forcément accusé de « faire le jeu des méchants », voire d'être soi-même un « méchant ».

Pierre Meriaux, un des adjoints EELV, nous a accusés en 2015 devant ses collègues d'être un « média d'extrême droite ».

Au moment de la polémique sur la gestion de l'éclairage public, certains élus dissidents ont eu le toupet de nous fournir des informations sur les vives tensions ayant agité la majorité municipale. Dans le numéro 31, j'ai donc fait un long papier basé sur ces « confidences », expliquant comment la pratique du pouvoir par les élus verts & rouges était classiquement autoritaire. Des infos exclusives qui n'ont pas plu au jeune conseiller municipal du Parti de gauche Alan Confesson, docteur en politique de métier et commissaire politique de tempérament. Dans un mail du 28 juin 2015 envoyé à ses collègues, il se lâche : « Notre situation, c'est juste du pain béni pour les anarcho-totoïdes du *Postillon*. Ça les fait juste jouir, ces types, de pouvoir démontrer que le PG c'est des faux rouges et les verts, des faux verts (les élu-e-s citoyens étant juste des abrutis manipulés, ou, au mieux, des ambitieux qui sont allés là où il y avait de la lumière)... Le plus terrible dans tout ça c'est que certains dans nos propres rangs semblent avoir la même zone érogène que ce ramassis de petits bourges arrogants donneurs de leçons. C'est terrifiant... Je suis juste incapable de comprendre comment des personnes issues de notre rassemblement sont capables de balancer des infos aussi importantes avec des gens qui fantasmes [*sic*] quotidiennement notre échec. À croire que pour certains, tout ça n'est qu'un jeu en définitive. Il faut absolument tout casser, briser les dynamiques alternatives, pour dire après "génial, c'est trop bien, y'a plus aucun espoir, on est vraiment dans la merde jusqu'au cou, ouéééééé". Ce sont bien entendu les mêmes qui chantaient partout il y a encore quelques jours que Tsipras n'irait jamais au bout, qu'il finirait par se coucher devant l'Europe et les banques... Manque de pot il s'avère au bout du compte qu'ils ont tort ! »

Ce mail a été envoyé quinze jours avant que le Premier ministre grec Tsipras ne relance un énième plan d'austérité dans son pays et se « couche devant l'Europe et les banques »... En lisant cette prose après coup, j'en suis presque gêné pour ce pauvre Confesson, devenu depuis maire-adjoint du secteur 2 et président de la compagnie de chauffage de l'agglomération. Mais qu'il se rassure : ni le renoncement de Tsipras, ni les tartufferies de Piolle ne me font jouir – j'ai des plaisirs beaucoup plus sains. La marche du monde en général m'attriste, et me pousse, depuis ma loupe grenobloise, à essayer de la raconter et de la critiquer de la manière la plus pertinente. Les faux espoirs basés sur du vide font beaucoup plus de mal aux partisans d'une vie libre et émancipée que l'esprit critique.

Au *Postillon*, un de nos articles qui a le plus circulé sur Internet s'intitule « Arnaque éthique au Crédit coopératif ». Le Crédit coop', c'est notre banque au journal, et un ami qui bosse dans le secteur bancaire est allé voir ce qui se cachait derrière les slogans généreux d'agir pour « une société où l'homme et son environnement priment sur le capital ». Et patatras : « Les "investissements socialement responsables" que propose la banque servent en fait à financer des entreprises comme Coca-Cola, Carrefour et Vinci. La "finance collaborative" permet avant tout à des riches de payer moins d'impôts, et comme toutes les autres banques, le Crédit coopératif pousse aussi ses clients à s'endetter », racontions-nous en avril 2017.

Depuis, cet article, un des premiers qui apparaît dans Google quand on tape « crédit coopératif », a été lu des dizaines de milliers de fois et, régulièrement, un lecteur nous écrit avec une demande genre : « Merci pour votre article très intéressant. Je suis à la recherche d'une banque vraiment éthique, en connaissez-vous une ? »

Au début je répondais, mais ces derniers mois j'ai arrêté. Je ne crois pas que ça existe une banque éthique, en tout cas dans ce monde.

Alors je crois que ça ne sert à rien d'avoir de « l'espoir » : au *Postillon*, comme on a besoin d'un compte en banque, on reste au Crédit coopératif sans avoir aucune illusion. Les messieurs-dames de l'accueil sont gentils avec moi, même si depuis la Covid-19, leurs chefs imposent à tout le monde de faire la queue dehors, en plein soleil ou sous la pluie, sans banc ni rien pour s'asseoir. Comme ils ont aussi réduit les horaires, des fois faut attendre une heure pour aller déposer du liquide ou faire une opération.

Pour moi c'est pas très grave, mais pour tous les petits vieux, et les personnes abîmées par la vie qui sont encore assez nombreuses dans cette banque, c'est une souffrance, j'en ai déjà vu défaillir. Mais mon pote qui bosse dans la banque m'a dit que de toute façon ils en avaient rien à foutre de cette faune, qu'ils pourraient les laisser crever sous le soleil sans leur amener un verre d'eau, parce que ce qui les intéressait c'était les riches qui avaient de l'argent à placer et que ces gens-là, ils prennent rendez-vous au lieu de faire la queue dehors, voyez-vous.

Bref, je divague, mais je disais donc qu'il n'y a aucun espoir à avoir dans le secteur bancaire. La seule chose à faire dans ce domaine, c'est de se battre pour la fermeture de toutes les bourses et l'interdiction de la spéculation.

En politique, c'est pareil. La gauche est douée pour produire des « espoirs » endormant pas mal de monde, en faisant croire qu'il pourrait y avoir une évolution heureuse en déposant simplement un bulletin dans l'urne. Qu'on pourrait « changer le système de l'intérieur », en acquérant la « culture du pouvoir » afin de « gagner des arbitrages ».

Ces espoirs mènent forcément aux pires désillusions. Le système politique actuel est aussi pourri que le secteur bancaire : tout ce que peuvent apporter des élus, c'est des armes pour le combattre, en préférant sortir des gros dossiers depuis l'intérieur de la « culture du pouvoir » plutôt que de vouloir s'accrocher à leurs postes.

Mon premier portrait de Piolle était titré « le Vert à moitié vide ». Pendant les six années de son mandat, ce mauvais jeu de mots m'a hanté à chaque fois que j'écrivais sur la mairie de Grenoble.

Était-ce vraiment la bonne expression ?

S'il faisait tout pareil mais un peu « mieux », le « verre » serait donc à moitié plein ?

Je le trouvais drôle, ce titre, mais inadéquat. C'est pendant la campagne municipale de 2020 que l'illumination m'est venue : en fait ce qui caractérise les élus verts & rouges au pouvoir, c'est le vide à moitié vert.

Non pas qu'ils ne feraient rien, bien au contraire. Derrière les postures et les grandes déclarations, ils bossent dur, mais leur activisme ne fait qu'« amplifier » la marche du monde, toujours dans la tendance, jamais dans la bonne direction. L'Espoir qu'ils tentent de vendre cache le gros vide de leurs politiques, ne marquant aucune véritable rupture de fond avec celles à l'œuvre depuis des dizaines d'années.

Tout compte fait, je n'ai jamais eu l'âme d'un briseur d'espoir. Mon credo, depuis six ans, c'est plutôt explorateur de vide. Certains font de la spéléologie, moi j'ausculte les politiques menées par les verts & rouges grenoblois au pouvoir. Alors j'observe, j'écris, je crie et j'attends l'écho.

Rédigé entre Grenoble et l'herbe tendre,
de début juin à début novembre 2020.

Chez le même éditeur

– Encyclopédie des Nuisances
Adresse à tous ceux qui ne veulent pas gérer les nuisances mais les supprimer

– Nicolas Bonanni
L'amour à trois
Alain Soral, Eric Zemmour, Alain de Benoist
(2016)

– TomJo
Au nord de l'économie
Des corons au coworking
(2018)

– Matthieu K.
Avec une caméra
(2014)

– Henri Mora
Chambard dans les Chambarans
S'opposer à Center Parcs et à la marchandisation du monde
(2011)

– Coline Picaud
Mais pour toi demain, il fera beau
(2018)

– Coline Picaud
Personne ici ne sais qui je suis
(2020)

– Aude Vidal
Égologie
Écologie, individualisme et course au bonheur
(2017)

– Jean-Pierre Garnier
Un espace indéfendable
L'aménagement urbain à l'heure sécuritaire
(2012)

– Damien Lelièvre
Force de vente
Dans la peau d'un conseiller financier
(2020)

– Anonymes
Friture, Anarchie, Vandalisme
(2019)

– Nanni Balestrini
Les invisibles

– Tristan Leoni
Manu Militari ?
Radiographie critique de l'armée
(2018)

– Un homme de lettres anonyme
La mécanique des lettres
(2013)

– Collectif Écran Total
Linky : surveiller et gérer
(2020)

- Ouvrage collectif
  Métro, boulot, chimio
  Débats autour du cancer industriel
  (2012)

- Antoine Costa
  La nature comme marchandise
  Une série d'entretiens
  (2018)

- Le Postillon
  Pourquoi le Daubé est-il daubé ?
  Histoire critique du Dauphiné Libéré
  (2010)

- Alexis Escudero
  La reproduction artificielle de l'humain
  (2014)

- Aude Vidal
  Le revenu garanti : une utopie libérale
  (2020)

- Collectif
  Sous l'oeil des caméras
  Contre la vidéosurveillance à Grenoble
  (2010)

- Matthieu Amiech
  La technocratie en marche !
  Lettre ouverte à Monsieur Albin Serviant
  (2017)

Illustrations réalisées par Nardo,
Sylvain (chapitre 2)
et Léna Saurel (chapitre 5)

Typographies : *Pt Serif* & *Balboa Condensed*.
Papier : Munken Cream 80g 1.8

Achevé d'imprimer sur les presses
de l'imprimerie Sepec Numérique
à Péronnas en Avril 2021.

Couverture sérigraphiée
à l'Atelier Fluo.

Dépôt légal : premier trimestre 2021
ISBN : 979-10-91772-42-6

Éditions Le monde à l'envers
22, rue des Violettes
38100 Grenoble

et la
BIENVEILLANCE
bordel ?